紫微四化

藉由紫微斗數預測能力，
掌握未來趨勢變化！

王文華　著

自序

這一本書是介紹有關紫微斗數星曜與宮氣、面相關係及四化疊宮問題的書籍，對紫微斗數有更進一步的說明及應用，並且有系統的介紹紫微斗數，讀起來將更為輕鬆。將研究心得分享給各位讀者，希望能有所收獲。

紫微四化原理及邏輯推論過程，有許多的基本原理需要介紹，當你知道了原理之後，在紫微斗數應用上更為廣泛。

四化星的變化是紫微斗數重要的核心，是眾多祿命學問中最特別的方法。有很多人被四化「飛來飛去」弄的暈頭轉向，最後全都亂了套，其原因有幾個。因為本命生年四化、十年四化、流年四化及其他流運，加上各宮四化飛來飛去，雖然看起來都是對的，但論起來卻似是而非。為什麼會這樣呢？其實四化星的變化，要判斷哪一個是實哪一個是虛的，這是很重要的，實的四化才有作用，虛的是表象，無實質做用。另外四化有生年、宮干自化的，飛入等四化，一個宮位四化很多，需要去做整理，其實這和數學是一樣的，要化繁為簡地去處理，當你理出

思緒之後，才能做出正確的判斷。

另外四化要有一個功能，就是推論應期（推論時間發生點），這個部份筆者會在「四化垂象」專論詳細介紹，如何推論應期，是有一些機械式的原則，也可以到「星鑰排盤 https://meen.tw/」租用吉凶分析。

筆者拙著《紫微星鑰》一書（二〇一七年版），將所有星曜詳細介紹，儘量的用我們生活的環境來說明，更貼近生活。有些讀者在看過之後，告訴我看這本書好像在看故事，非常簡單易懂，這的確是一本非常適合的紫微斗數入門書，看星曜是一個代表之符號，這個符號所代表之意義要清楚，要能從最簡單「點」開始推論，一直到最大，再由最大推論到原點，這才叫「清楚」了解星曜最基本的定義。

其實筆者將紫微斗數應用在企業預測居多，在未來不確定因素中，藉由紫微斗數預測能力，找出未來趨勢變化，調整企業未來發展，利用有限的資源，發揮最大邊際效益。

在過去紫微斗數論命只是在文字上說明事的變化，無法用數值來表現，是很可惜的。筆者花了十多年的時間在數值化應用上不斷研究及測試，將其數值化研究，可以應用在人、事、物上，則應用價值變得非常大，而現在已有小成。不久之後將會把紫微斗數值運用及預測分析系統，應用到人力資源系統，提高個人效益，達成目標。

在研究過程中我也碰到了許多的問題，例如大家都知道水能剋火，這是在等量情況下是確定的，不等量時就不一定了。森林大火用一桶水可滅嗎？是不行的，用數值來分析，要先定義多少的水可以滅多少的火，這對筆者不是一件容易的事情，然而在經過漫長時間後，這些問題都解決了，其原因是了解整個推論過程的來龍去脈，若你對預測有興趣，可以看《紫微探源》（二〇一八年一月出版）一書的推論，對趨勢會有預測分析的能力。教授紫微斗數十餘年，在課堂上上學員所提之問題或是容易搞錯的地方，在本書有完整介紹，可以減少摸索，給想學習紫微斗數的人有進一步的參考資料，有系統的整理說明，也希望本書能夠給學習者指引。

筆者運用紫微斗數的變化原理，預測年度的趨勢，讀者可以上YouTube搜尋「王文華老師紫微斗數」，有很多影片，若要使用免費工具請到網站 https://meen.tw/、命理網 http://www.profate.com.tw 有免費算命，其紫微斗數是筆者所論斷的。

筆者才疏學淺，理解上若有謬誤之處，盼祈先進、高明之士不吝指教。

王文華（二〇一七年八月）
高雄 鳳山 寓所
E_Mail：sw5353@gmail.com

目錄

第三章　星曜宮氣與面相關係

目錄

第六章　實例說明

附錄

第一章

導論

第一節 本書內容架構

本書內容助於初學紫微斗數時，對於星曜之運用方式及四化飛到各宮解釋，詳細說明星曜與四化之運作及思考模式，旨在說明星曜四化星變化結合及疊宮關係。本書提三大重點，第一是星曜與面相關係，第二是星曜宮氣之運用，第三是四化疊宮運用。

紫微斗數是一門活用的學問，與易經基本核心——「變」，「變」是「不變」的道理，命盤是固定的資訊，而人是活的，要把面相及環境結合起來一起運用，發揮一加一大於二的效果。例如天同星，大家都知道是福氣之星，以身材而言則是有一點肉，看起來有一點「福態」感覺。天同星坐在命宮，若這個人長的樣子是「福態」，可以論斷為有福之人；若是瘦呢？可以解釋有福之人嗎？我們從另一個思考角度來看，「相」與命不同，天同星則不符合這個人的相貌，就不可以如此解釋，是表示此星落陷，這個人比較會「勞心」、「煩惱」、「勞碌」。

本書主要是於把紫微斗數星曜與各宮變化的強弱，更進一步的說明，提供學習紫微斗數的一個方向，可以按圖索驥的學習，可以定位於紫微斗數入門的書籍。若你對基本星曜不熟悉，筆者建議你先從拙著《紫微星論》，先了解星曜基本的特質，再看本書會容易進入狀況。

關於本書架構區分六章，各章簡要說明如下：

第一章：導論

本章節說明紫微斗數基本的觀念，以及要如何來學習紫微斗數？為何要用出生時間做為論命基礎，做預測時要以「時間」與「空間」觀念來思考，「時間」代表天之意，「空間」代表地之意，「人」的行為代表為自己，天、地、人要合為一，有了空間、時間才能判斷，人在其中會有哪些行為模式，是預測的依據，其中有一項沒有弄清楚的話，則失去預測準度，所以人生有很多是被迫選擇，有很多時候要看自己的意志力決命運，人生是積極的，而非是消極的，失敗為成功之母，只要念頭轉正，正向以對，一切有轉機。

第二章：宮氣運用說明

本章節討論宮氣與星曜之運用，是以宮氣五行做為判斷的依據，星曜五行與宮氣五行如何

做分析，分析上的重點是在於「體」、「用」觀念，如何定義星曜與宮氣強弱，星曜與宮氣、宮位如何解釋，這種方法是屬於機械式的法則，學習分析判斷的技巧依據，提供給讀者在學習上參考方向。

過去軟體只有排盤功能，新一代的軟體是提供工具使用，本書使用https://meen.tw的專業排盤系統，做為本書之工具，提供讀者學習上有個很好的工具，不會浪費很多時間在排盤上面，直接提供相當豐富的資訊，是市面上現在唯一有四化詳細解釋之軟體，讓你快速上手，在附錄有介紹，請讀者可以自己到該網站免費註冊使用，它的免費項目的功能，足夠學習上使用。

第三章：星曜宮氣與面相關係

本章節是介紹十二宮的定義，十二宮位是把人一生之中經常碰到的事情，區分十二宮職探討，各星曜在十二宮的變化及解釋。

說明人在一年四季氣色變化及在臉上的氣色不同時，會產生哪些問題，與星曜在各宮顯示時，除了宮氣生剋之外，氣色是主要參考的因素之一，這一部份會比較難一些，讀者自己可多加練習。

星曜與面相關係，將星曜的特徵與人結合，長相特徵愈接近命盤的預測發生機率愈高，所以同一張命盤為何發展不一樣，這是其中因素之一，特別提出說明。

在第四節以後將各星曜在各宮的生剋解釋做了一個很清楚說明，命宮部份主要是以氣色及形態為主，命宮在面相位置說明，各星曜在面相中所顯示情形，解釋各星曜在各宮關係，使星曜更具體表現其特質，星性強弱判定上更為明確。本章主要將星性在各宮位的說明，讓讀者更能抓到重點學習。

第四章：四化星性概說

本章節主要是說明四化星基本的意義，四化星變化是紫微斗數獨創一套分析、推論系統，也是紫微斗數的重要核心價值。第一節說明四化基本觀念。第二節是介紹了四化星之祿、權、科、忌的意義或涵義，基本星性了解後，加上四化變化，星性延伸所產生意義變化應用，有如教你學習投變化球。第四節介紹了十二宮之四化解釋，各宮重點有一些不同，請讀者細細品味其中變化。

第五章：四化疊宮應用概說

本章節主要是介紹經由四化飛化所產生宮與宮的變化，稱為四化疊宮，本單元只有提供三

個宮位四化解釋，以命宮四化飛到其他十二宮，財帛宮四化飛到其他十二宮，事業（官祿）宮四化飛到其他十二宮之解釋，說明祿、權、科、忌以飛出宮為「體」，接受宮（四化飛入之宮位）為「用」，了解其中四化互動的關係。

其他未列入說明之宮位不表示不重要，因篇幅限制，請讀者自己試者推論，會有意想不到的體會。

第六章：實例說明

本章節是以前面幾章分解動作說明，在本章綜合演練，如何把前面分解動作逐一分析，將論斷的一個邏輯推論過程組合成一個可以連續動作，是將筆者在推論命盤過程的思考模式，以範例說明之，應用在實務上。舉幾個例子說明，讓你拿到一張本命盤時可以輕鬆的說出來，以理論命，讀者初期學習時可以依樣畫葫蘆照著做，熟悉邏輯推論方法後，多練習必有一番成就。先祝各位學習有所突破，運用在自己工作更上一層樓。

第二節
紫微斗數易懂難精

如果你是第一次接觸紫微斗數，建議你可以先從筆者拙著《紫微星鑰》先看，對基本的甲級星曜、次級星曜、流年星曜，有詳細的介紹，把各星曜演繹現代的用法，更生活化，更能靈活運用紫微斗數在現代生活中。

星曜特性有初步了解，再參閱本書會更好；若你已經對紫微斗數有一些了解或是基礎時，直接看本書是沒有問題的。紫微斗數是一門「易懂難精」的學問嗎？在筆者多年的教學經驗中，可歸納出以下幾個問題。

第一、星曜本質

對每一個星曜要清楚代表何物，把每一個星曜區分人、事、物、疾厄（健康）等部份，人

又分為六親，又有不同的表現方式，有一不同的角色，當子女角色、夫妻角色、平輩角色、長輩角色，在一天都扮演不同的角色，用不同的說話方式、對待方式等，而你的本質有改變嗎？星曜會在不同環境下有不同的表示方式，在物的上面又是代表何物，在事方面又表示何事。例如廉貞星代表囚之意，在物方面一般會說明代表的是電器產品；如何推論來？在《紫微星曜》一書裡說明，如停車格、養殖、農場等都是囚之意；疾厄宮時又是代表何種的疾病等，小星曜又代表何種的特質等。

第二、雙星的組合

有些時候雙星與單星的解釋是有差異的，這一個部份要多參閱古書，古書裡寫明有許多的星曜組合會發生的事情，例如武曲與貪狼星同宮不發少年郎；火星或鈴星與貪狼同宮，代表橫發之意；廉貞七殺雙星組合，有主要有二種特徵，一為積富之人，二為路死埋屍，同樣星曜但解釋相差的十萬八千里，都要仔細判斷及了解其中的意思才不會誤用。另外加上小星曜的組合變化，又有差異，在細微推論上是非常重要的。

第三、四化星曜的運用

這裡可以分二個部份，其一是平面四化，就本書所要表達重點，本宮飛化出至他宮位的關係，有四種關係（祿、權、科、忌），表達一個事件、事情的來龍去脈，從起、承、轉、合一個過程上的關係。其二是四化垂象部份，是表示應期時間的發生點，這個部份則是在邏輯推論上有很大的不同，變化性很大，有許多四化在同一宮位，四化太多，要化繁為簡，得到最後結果，才來分析論斷。本書沒有把四化垂象推論方式放進本書討論，待有筆者再寫「紫微垂象」，分享各位讀者。

第四、分析重點目標弄錯

我們看問題要先釐清問題核心，再做分析。常遇到一些朋友來問紫微斗數命盤，都是大哉問，要會引導問題，找出重點，再從命盤定基準，才可以精準分析。舉個例子，有一位先生是在某大企業工作，平時閒暇投資股票，平均每年股票上獲利有二百萬左右。個人投資理財，要看財帛宮為主，這是沒有問題；假設這位先生退休了，也在投資股票，這時候就不可以看財帛宮而要看事業宮，為何會這樣呢？事業是看職業及職場能力，正職是上班工作，則以事業宮為主；現在退休，全心在投資股票上，正職雖是股票投資，不可以單看財帛宮，要看事業宮才對。一件事要清楚定義，重點搞錯，全部都錯，這是一個很重要的觀念。

另一個例子，有人認識一位女朋友，這時可以當成朋友，以朋友宮來論，朋友發展變成了情人，這時就要由朋友關係轉成夫妻宮來看。這二個例子說明很多事情定位依情境而改變，而不是一層不變。

第五、要多學習各大師論斷方式

學有專精，術有專攻，每一個人都有其擅長的領域，在商場上說隔行如隔山，先不要有先入為主觀念。要先摒除原先學習的內容，待了解後再拿出來對照，若有衝突，表示你有學到東西，再求證，把不對的東西丟掉。

例如你是學醫學，醫學就是治病，就代表你所有的病都能看嗎？答案是不一定的。會看牙醫師不一定會看腦科，小兒科未必會看心臟科，這所謂學有專精，各有不同領域，即同一科的醫生，也有不同論點。同樣的紫微斗數也是有分哪些是專業科目的，有些大師一生之中專精在某個領域裡，有機會多與大師學習論命技巧，或是同好切磋學習，藉由大師人生經驗中轉換自己的經驗，這就是師父領進門，修行在各人。

第六、增加實戰經驗

有機會替別人看命盤，從實務中學習，剛開始也許會有很多的挫折，然而在每一次機會中都能讓你得到經驗，修正自己的看法，這種經是無法取代的。

以上六點是筆者的個人經驗，要學好一項專業必須付出相對的代價，天下沒有不勞而獲，只有師父引進門，修行看各人造化。在過程中可以請教老師指引，但經驗累積要靠自己，所以在某個領域很專精的人，通常是沒有人可以指導你，有人指導你，你就不是頂尖好手。

紫微斗數的星曜有一百多顆，分佈在不同的宮位上，每個人都有這些星曜，只是在組合上不一樣，有如一個人基本上都是有一雙眼睛，二個耳朵、一雙手……等，但是其中我們會分美、醜、高、矮、胖、瘦等，每一個人都有基本特徵，形成每個人都有專屬特徵，另外屬於抽象的形容，小器、大方、節儉、霸道、明理……等，對於人的形容是有很多方面，端看你的切入點而論。

首先你要了解星性的特點，接下來就是星曜與宮位意義的了解，以及單星在各宮位（十二宮）解釋。以祿存星解釋為例，祿存星特性「博學」、「財富」、「波折多」……等，各位讀者要練習祿存星在命宮時是何特性，在命宮可解釋為「博學的、有錢的、保守的、慳吝的」；在

夫妻宮可解釋為「不易結婚，感情不易表達出來」；在子女宮可解釋為「子女少，或是不易受孕」；在財帛宮可解釋為「錢財豐盛的，守財奴」；在官祿可以解釋為「事業保守，不易開拓新局」。要先練習各星曜在各宮的解釋，藉此你可以增加星性的了解，再練習雙星在各宮的練習。有些解釋會產生衝突，例如說主星運氣很好，但小星曜很倒楣，這是矛盾的，可以用時間上的差異解釋，可能顯現在一某時段或很短時間上，如出車禍。而這一件事就可以說明是整年度狀況不佳，若不是運好，可能就一命嗚呼小命不保。

以上的內容了解了，紫微斗數的基本功算是已完成大部份，要看紫微斗數命盤，仍有許多小細節要參考，小細節就是功力所在。各星曜解釋請參考第三章說明。

第三節 命理學基本假設

「命理」或「算命」給人感覺好像是一個迷信的代名詞，筆者認為當你對紫微斗數有深入研究後，再下定論也不遲。連看都沒看，就說迷信，那麼就要說出哪裡是迷信以理服人。有人說眼見為憑，真是如此嗎？就像魔術就是在你面前變消失，但真的在你面前消失時，你相信嗎？那麼眼見為憑是真的嗎？

記得筆者在唸研究所時，有一次上課時要自我介紹，老師要了解我們以前的學習背景，做為教學上的調整。這一位老師是數學博士，是財務方面的頂尖教授，在美國及許多國家拿到精算師執照，也被全世界很多國家大學聘請為客座教授。

老師問筆者：「你是從事哪一方面的工作？」

筆者：「從事命理研發及命理軟體系統分析工作。」

老師又說：「算命是迷信。」

筆者：「迷信的定義？」

老師說：「只要能用科學證明就是科學，不能用科學證明的就是迷信。」

筆者：「根據老師的定義，請教老師幾個問題。老師我愛你，可否用科學方式或儀器證明我愛你（抽象）。愛是大家都承認有的，有的是雙向，有的是單向的。」

讀者認為筆者實在是太愛抬槓，也就是因為如此，反而對紫微斗數有濃厚興趣，對紫微斗數的原理下了很大的功夫研究，為何只要出生之時間就可以推測一生之中窮通禍福，其原理何在？

以下做一個簡單說明：

《繫辭上傳》：「在天成象、在地成形。」《繫辭下傳》曰：「仰則觀象於天，俯則觀法於地，觀鳥獸之文與地之宜，近取諸身，遠取諸物。」紫微斗數所使用的星宿名稱與現代天文是不同的，實際上紫微斗數的星宿大多是模擬天體運行而成，這些星宿轉換與我們生活有關的事物，包含不同的人、事、地、物及疾厄等，在古代認為，有某些星球接近我們地球時，會改變

環境及氣候，而這個改變會影響人、事、物的變化，而這些變化直接或間接影響人類的行為模式。

例如影響最直接的星球是太陽，冬天與夏天就是顯著不同，夏天水上活動多，冬天雪上活動多。相同的每一顆行星與地球遠近所產生的因素及層面不一定相同，若是數顆星球在地球附近時，每個星球都會相互影響，有的影響是正增強或相互剝弱等，由這複雜因素遷動著人們的行為模式。

本書紫微斗數排盤方式，是依據《紫微斗數全書》起盤方式，將紫微斗數之一百零八顆星排列在命盤中（實際運用不止一百零八顆），起盤方式是依據曆法時間之「年」、「月」、「日」、「時」四個時間參數，分別把相關「紫微斗數」各星曜，按規則排放到各所屬之位置上。

紫微斗數起盤首先要定基準點「命宮」、起「紫微」、「天府」星系、「時」系星、「日」系星、「月」系星、「年干」系星、「年支」系星、十二長生星等。

定「命宮」基準點——以「月」與「時」來定位，其原因為「月」是可以由「年」推出來，取一組「月」就可以知道年的位置；「時」可以知道「日」是何天干，所以只要「月」與「時」就可以定位所有相對位置。其他兄弟、夫妻、子女、財帛、疾厄、遷移、奴僕、官祿、田宅、福德、父母等宮位依序定位。

曆法

中國所使用的曆法「陽陰甲子三合曆」，即是農曆（太陰曆）、西曆（太陽曆）、節氣曆及干支曆，「年」的轉換是不同，西曆則在每年元月一日做為「公元」（一般俗稱為「西元」）的轉換。

農曆則以太陰（月亮）為主，每年在農曆正月一日才是新的一年，所以太陰月過年不一定在那一個國曆時間。月亮自轉一週約為二七天七小時四三分十一秒（地球日計算），以朔望月當作一整月，太陰月有分大小月，約略是二九．五個地球日。依往昔觀察約二百年要重新修正計算一次月亮軌道公式，所以太陰曆與太陽曆對應吻合，十九年要補七個閏月才能平衡。

節氣曆是依據太陽與地球關係，產生了十二節十二氣，一般稱為二十四節氣（立春、雨水、驚蟄、春分、清明、穀雨、立夏、小滿、芒種、夏至、小暑、大暑、立秋、處暑、白露、秋分、寒露、霜降、立冬、小雪、大雪、冬至、小寒、大寒），節氣過年則以立春日（一般立春日約為西曆二月四或五日左右）為轉換為新年；而太陰曆過年是以農曆正月初一。

干支曆則是將所有曆法都要轉換或對應到有十天干與十二地支，組合成六十甲子系統（甲子、乙丑、丙寅、丁卯、戊辰、己巳、庚午、辛未、壬申、癸酉、甲戌、乙亥、丙子、丁丑、

戊寅、己卯、庚辰、辛巳、壬午、癸未、甲申、乙酉、丙戌、丁亥、戊子、己丑、庚寅、辛卯、壬辰、癸巳、甲午、乙未、丙申、丁酉、戊戌、己亥、庚子、辛丑、壬寅、癸卯、甲辰、乙巳、丙午、丁未、戊申、己酉、庚戌、辛亥、壬子、癸丑、甲寅、乙卯、丙辰、丁巳、戊午、己未、庚申、辛酉、壬戌、癸亥），以陽配陽，陰配陰，方式組合為最小的公倍數共有六十組。

第四節
為何用出生時間做為論命基礎

算命為何要以出生時間做為論命基礎？簡單的說，就是個人出生時間「年」、「月」、「日」、「時」，就是記錄出生時在這太陽系的相對位置，「天干」代表「時間」，「地支」代表「空間」，而出生之「年、月、日、時」就是代表個人當時地球與各行星的相對位置。

以天文定義「太陽」是一顆恆星，太陽系的星球是繞著太陽旋轉；在論命的哲學觀念則是不一樣的，是以「人」中心，所有星球是繞著「人」在跑，人住在地球上，基本假設是所有星球繞著地球跑，再以地球區分十二個區塊，每個區塊是三〇度，向外延伸，這個向外延伸的東西，在命理稱為「黃道」。每星球在進入每一個區塊，都會對地球產生不同程度的影響，以太陽的影響最顯著，例如「春、夏、秋、冬」的變化，月亮對潮汐有直接影響，再加上其他行星對地球遠近都會對環境產生不同的變化。

當各星球位置變化時，對地球環境是有影響的，那麼「年、月、日、時」則是告訴我們環境變化，「人」在這個空間與時間中，受環境影響，會採取最有可能的行為模式，這個行為模式不一定會百分百的正確，但是可以推測最有可能的行為，這是我們預測推論法則。

就曆法而言則「年」、「月」、「日」、「時」代表不同的意義，包含各星體及地球與人的相對位置，其義意如下：

「年」代表太陽在銀河系的相對位置。

「月」代表月亮與太陽相對的位置。

「日」代表地球與太陽的相對位置。

「時」代表人或事或物在地球所在的位置。

出生時間的年、月、日、時，即是決定你在這太陽系中「時間」與「空間」的位置，表示出生時所有星球的某種引力產生靜態平衡，當這些星球慢慢的移動，某些星球進入時，人的體內某些能量會被引動出來，與環境的關係，就會產生吉凶現象。

行星運行與地球的關係，可以從曆法中了解，在各行星距地球遠近，會產生不同的引力或某種頻率，會對人、動物都有不同反應，就以木星而言，是十二年循環一次，若今年是庚寅

年，就是太歲年在寅宮，則生肖為虎的人是太歲年，是在民間經常使用的一種方法。

以紫微斗數命理學而言，除了可以分析自己的特質之外，運用曆法就可以知道，在未來是哪些行星在某些時間會影響地球，環境因素會對某些人產生影響，受影響的人會有哪些行為模式，這就是命理祿命學的預測，推人吉凶。

以個人而言，出生時間就決定了「時間」與「空間」，決定了一生特質，不同「時間」與「空間」環境則有不同的反應。常有人問是否在遠地發展比較好，可以在命盤中看出適合在出生地或離開出生地為佳，這是趨吉避凶的方法。環境沒有辦法改變，只好改變自己，離開現有環境，就會改變行為模式。當一個人感到很煩或壓力大時，換個環境，或許會有不同的領悟，找出最佳解。打個比喻，假設物質是一塊「鐵」，環境變冷時，「鐵」塊會縮收，熱時會膨脹，當你希望要膨脹，就要使用熱才可以，人也是如此，選擇對我們幫忙助最大的地方達到我們所期望的。這裡附帶一提，有人問，若在美國出生之人的時間，是否要轉換回中國時間？以一個平面剖圖說明，如圖1-1所示，太陽直接照射的地方在時間上就是午時，正後面相對位置是子時，若把時間轉換回子時，就會產生錯誤，如圖1-2出生點不同，所受的能量是不同的。在命理上使用都是以「真太陽時」為主，在起盤時要特別注意在轉換時辰時，確認一下真太陽時的時間。另外還有一個可以討論的問題，是太陰時，是要校正出生時的月亮的位置。

圖 1-1　十二時辰圖

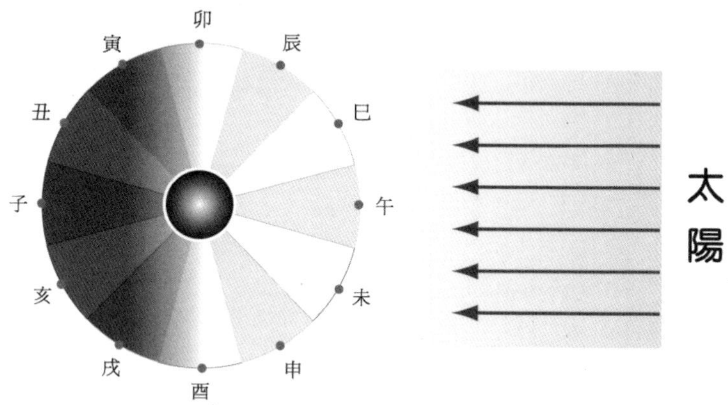

圖 1-2　出生點不同

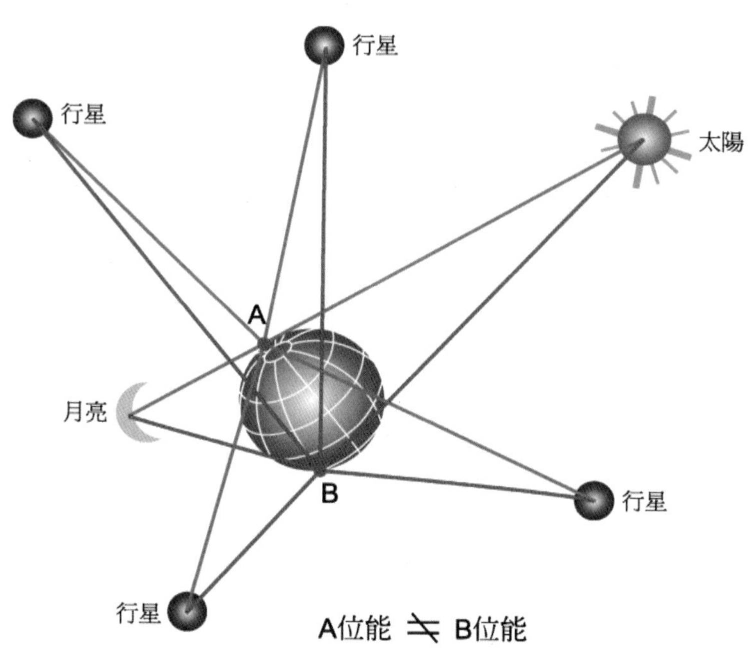

第五節

何謂預測

紫微斗數是有一套嚴謹的邏輯推論及推演方法，並非是憑空想像而來，預測是架構在星球運行與環境的變化，讓人、動、植物及環境產生變化，這些環境變化會影響人、動、植物而有變，所以命理預測基本假設在於「人」為其中心，做為推論依據，與現代天文概念是不同的，不以唯物觀來看。

以「人」為中心，人在地球上，太陽及太陽系之行星是繞著地球，各行星在不同時間接近地球，及各行星之間相互影響，皆會對人、動物及植物產生不同的影響，在預測學中有很多複雜且交錯邏輯思維，往往在推論過程中不易掌握重點，容易差之毫釐失之千里而失去焦距，是預測最難的部份。

我們舉一個簡單例子，要預測這個人在某一個時間與空間的行為模式，預測穿著衣服是

大衣或是短袖，現在時間是二〇〇九年三月，在國曆二〇一〇年八月十五日上午十點整（時間），地點在台北市國父紀念館前面廣場（空間），由時間及空間可知道，衣服要穿著短袖涼快的衣服，因為北半球的台灣這個時間氣溫在三〇度以上；如果時間不變，地點（空間）改為澳洲雪黎歌劇院廣場，在同樣的時間在不同的地點行為模式會不同，在澳洲雪黎是冬天天氣比較冷，衣服穿著則會大衣為主。是否有例外，是有例外，但我們以一般大多數之人為主。

再舉個例子，已知在某年的八月一日早上十點鐘，時間點很明確，地點即為空間，在台北一〇一大樓，要促銷某產品，要撒一百萬現金，現在已知「空間」與「時間」，假設從命盤得知會意外之財約有一萬元，你會不會去，去則可能有一萬元之意外之財，不去則連十元都撿不到，所以我們知道要配合「天」、「人」、「地」的機會才有。

另外我們從祿命術方式而言，基本假設人性是積極的，所以在前一月就要準備一些攔截之工具，這是一種積極的做法，有機會加上積極努力，當然你的成果會大豐收。

月亮在初一或十五時，太陽、地球與月亮在成為一直線上，以潮汐而言是大滿潮的時間，星與星之間都有某一程度的引力或某種頻率所影響，大自然的力量非常大，而現在科技尚無法利用這個無形的力量，試想人類要做一類似有浪功能泳池要消耗多少能源才能達成，若人類找出如何利用這些引力或是某種頻率時，這才是真正的與大自然共處之道。在美國有一個報告

是在月圓時，犯罪率是比較高，其原因是在月圓時，一般人的心情比較亢奮，有時候是玩過頭了，但未必一定會犯罪，所以星球與星球之間都會相互影響，有些是現代科技無法得知。

預測學最重要是依據太陽系的各行星與地球之間的某種頻率或引力，當決定時間與空間的實際位置，找出當時各行星位置對地球所影響之情境因素，由外在環境影響，則可預測大部份人類行為模式，準確性雖無法達到百分之百，但也相差不遠，可提供未來環境變化預測及因應之策略，達到趨吉避凶。

上述例子簡化成幾個元素做一個簡單說明，讓讀者明瞭其中的涵意，在實際上預測是很複雜的，古人在觀看天文變化，預測地球會發生事情，在上一節中說明為何要利用「年、月、日、時」做為變化的原則，這個依據是我們在日常生活中習以為常的曆法，在華人地區常用的農曆是「陽陰甲子三合曆」，告訴我們在未來某時間地球與其他星球相對位置，當我知道未來環境情形，可以分析在未來某時段中，環境對我們的影響，可預測能力會有很大的準確度。

以現在科技可以利用衛星知道颱風的形成，預測颱風路徑，發佈警告，讓人們有時間準備預防措施，讓危害降到最低，這是預測最大的功能。筆者二〇〇四年七月二日在梨山，遇到敏督利颱風，三天豪雨下了一七〇〇公釐的雨量，土石流在腳下，大自然的力量讓人心驚膽跳，中部因大量雨水而重創。二〇〇九年八月八日台灣南部「八八」水災，三天雨量高達三〇〇〇公釐，造成走山，已經超過了人類的力量太多了，人類毫無反抗力，人若在那一個時間與空間，恐怕是凶多吉少，最好是有走為上策。

筆者曾遇到一些人拿紫微斗數命盤就要論斷，試看一下功力如何，筆者不以為然，其原因是同一張命盤的人有很多人，其命會一樣嗎？就好像你生病到醫院看病，你進去不說你哪裡不舒服，就讓醫生診斷，我想醫生大概看不出來你有何疾病，讓醫生猜一下是哪裡有問題，若你告訴他是牙痛，醫生會告訴你到牙科門診，不然會當作精神有問題，送到精神科治療。

若是同年同月同日同時生，命運會是相同嗎？當然是不會相同，為什麼？每個人基本資料及背景都不同，相同點在哪裡，例如同一個時辰命盤有甲、乙二人，基本上決策模式是會相同的，我們用一個決策概念來解釋會比較清楚，試用一個簡單例子來說明。

假設：對買汽車決策方式

安全性　　二十％
舒適性　　十八％
操控性　　十五％
功能性　　十五％

外觀性　十二％
配備性　十五％
省油性　五％

買車考慮方式分為七項重點說明，加上百分比區分可以看出購買的喜好，當然每一個人買車的重點不同。從命理的角度來看，可以描述買車的形式或樣式，但我們常常忽略了個人的背景因素，了解被算者的背景因素愈多，在推論方向更趨近其生活，預測也會更精準。

若我們知道甲有預算為三〇〇萬元買車，乙有預算有一〇〇萬元買車，甲、乙二人買車決策模式是相同的，因為預算問題限制，而買不同的車子，甲可以考慮買進口車，符合上述條件，乙可能考慮買國產車，但結果是不同的，以結果論而言是「不準的」，容易讓別人認為是不準確的，但以推論結果是正確沒有問題。

另一個是感受問題，以上例為例，若甲每月所得為二〇萬元，乙為二萬元，若同樣買了一支手機花了一萬元，甲的花錢佔他月收入五％，但是乙則是佔他月收入的五〇％，同樣的金錢但感受是不同的，若甲要有相同感受則要花到一〇〇萬元才有相同感受，相對對乙而言，一〇萬是他的收入五倍。

我們可以用一個圖表來表示甲、乙二人的變化，在甲最不好的時候，乙在最好的時候都比不上如圖1-3曲線圖，這是背景的落差很大。筆者認為這個落差是可以經由後天的努力、學習、讀書或教育訓練可以達到的。學習紫微斗數是讓自己知道何時是機會，何時是威脅，創造自己舞台或將舞台變大，個人能量發揮才會大。《三國演義》小說中諸葛亮在隆中時，劉備三顧茅廬諸葛亮出來幫劉備三分天下，若當時諸葛亮沒有出來，在歷史上就沒有諸葛亮名字在歷史流傳。

圖1-3　曲線圖

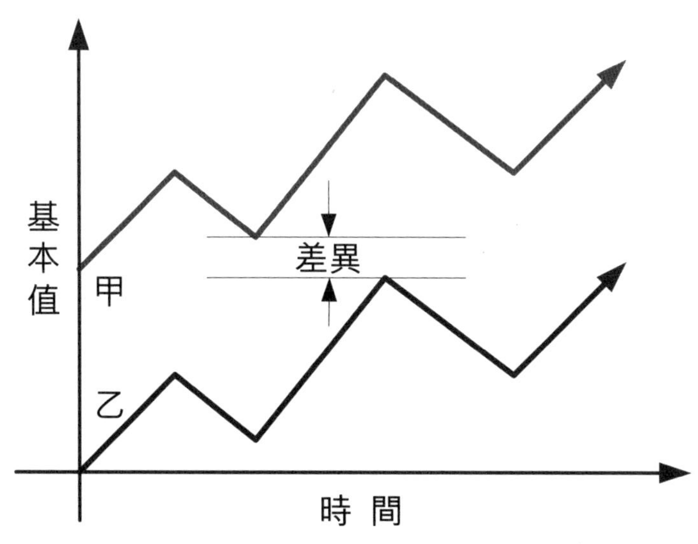

第六節

何謂吉凶

有一些朋友請筆者幫忙看個命盤，筆者問要看哪一個，這位朋友說：「都可以。」這一下子可慘了，最怕聽到這樣的話，為何最怕呢？因為全部要說，是很耗神的事情，又很花時間，不見得是要聽的部份，不知道要說哪一個十年大運呢？還是下個十年大運呢？是問今年呢？還是問明年如何？要問何事呢？是感情或婚姻？是事業上要進或退？還是要投資做生意？要買房子？出外工作？……等等，反而筆者的疑惑比較多，因為這是「大哉問」，回答起來很累人，問律師總有一個重點才問。

算命要算的好，又要有深度真是不容易的一件事情，要累積個人生活經驗，皓首窮經，見多識廣，更重要的是表達能力，如何將命盤上的星性變化，轉成我們生活中的所見所聞，詮釋貼近生活，讓人產生共鳴，這個就是論命的「價值」。

我們經常聽到的「吉凶」一辭，「吉凶」是如何定義呢？在繫辭上傳曰：「吉凶者，失得之象也。悔吝者，憂虞之象也。變化者，進退之象也。剛柔者，晝夜之象也。」道盡人生的窮通禍福，站在不同立場上就有不同解讀，是一種價值觀的看法，也不是絕對性，是一種相對概念，合乎當時情境，就是最佳解。

在某一個始點上，針對某件事情而論，失去叫做「吉」或是得到叫做「吉」，例如努力而得到應有的金錢報酬，這個就是「吉」；若你收到一張罰單，對個人而言這是不必要的支出而支出，我們可以認為這是「凶」。例如高速公路超速，當下被警察攔下開罰單，這時前方走山，埋了幾部車，這時這個罰單逃過一劫，當下馬上會覺得就因這個罰單對是「吉」，而罰單的事就不計較了，所以「吉」與「凶」是一種相對性，讓你獲得最大利益；相對損失小時這就吉，凶則反之，所以在論斷時要特別注意求問者要什麼，否則會答非所問。

做一個決定，結果後悔了，這個叫「悔吝者，憂虞之象也」，我們經常決定一件事情，過了一些時間，常常後悔，筆者認為是智慧不夠，也就是思慮不周之故。看到成功的人，想法是遠大的，有時候在當下給人的感覺是很笨的、不切實際的，有時候是可以用時間檢驗一件事情，所以鴻鵠之志，燕雀豈知。像某人在美國某一州參加議員選舉，在大學時考試作弊，被記者找出以前學校的事，最後宣佈退選，這時後悔來不及了。

做事情要決定去做或不做，都會影響你往後的決策，正如繫辭「變化者，進退之象也」，事情變化是決定要做或不做，人一生之中無時無刻在做決策或是選擇。例如現在你有二個男朋友或是女朋友正在交往中，要決定與甲或乙一起生活，人生轉折很大，再回頭百年身。

做事情有分強勢作為與柔性作法，其效果也會不同，如繫辭「剛柔者，晝夜之象也」，強勢作為像是白天的太陽，柔性做法像晚上的月亮那麼柔，有時方法不是那麼的絕對的兩極化，最好是講話很柔軟，語意強硬，人總是喜歡聽好話，這是做事方式所採取之手段或方法，如何調整最佳狀況，個人修為很重要。舉個例子，俄羅斯總統普丁，對於反叛軍說：「我沒有權力審判你的罪過，只好全部送給上帝審判。」話說的很軟，意思卻很強硬。

人生要面對太多的問題，事情要去面對，不去面對則不會成長，只要去面對事情，處理只有好與不好，這就是經驗，人生也有很多的無奈，也有很順利，有時也會因環境而被迫做出選擇。筆者藉由繫辭：「吉凶者，失得之象也。悔吝者，憂虞之象也。變化者，進退之象也。剛柔者，晝夜之象也。」來說明對於事情上的處理，可以參考繫辭這段話，給我們在對人、事、物或某件事情上的思考邏輯，讓事情處理上更為圓滿。

第七節

格局迷思

經常聽到你是三奇嘉會格、機月同梁格、殺破狼格……等，很多人問筆者，這種判定到底有沒有用，筆者認為是有用的，其一是方便記憶，說明上也會比較清楚，其二是有激勵效果，其三是在命盤分類上是比較容易的。

這個人的格很高，為何沒有什麼成就，這個人格局很不佳，為何可以當高官？筆者認為格局高與低，無關於市儈認定之成就的高低，職業無貴賤之分。對於事情的看法是比較有宏觀的企圖心，心胸寬大，利益眾生，不為蠅頭小利，而短視近利，不謀己之私，可稱為大格局，有高尚的品德，被人尊敬。小格局為己之私做為衡量準標，而影響大眾利益，遺害子孫。

成就大小不等於格局大小，人雖然有高格局，並不一定有高成就，反之格局平平就沒有高成就嗎？基本上是有大格局會有大成就，這樣才能搭調，人生舞台大小就是成就的大小。以筆

者經驗而言，大格局在高位上掌舵平穩，同心同德，很少會出亂子，格局不夠者小事易成為大禍害。有句話說身在公門好修行，心念一偏則有很多無辜受害者流離失所，反之是積德行善，造福鄉里。

孔子為古聖先賢，也沒當太久的官，也不是賺很多錢，就因為有教無類，作育英才，教出七十三位出相入仕之學生，將其理念傳世後代，其福報甚大，七十三代，代代都有一品大官。

每個人可以選擇自己的生活，可以放棄自己的格局，過著平淡與世無爭生活，也可以創造自己生活的舞台，而這個舞台必需要去經營，努力才能得到的。導演李安，因《臥虎藏龍》一片紅遍國際，在沉潛時期裡，並沒有忘記要做的事（自己的目標），不斷的積極準備，等到機會一來（所謂的舞台），盡情發揮，成為全球非常知名的導演。

格局好與不好，這不是重點，有如電視劇《還珠格格》飾演丫鬟「紫薇」的林心如、飾演「小燕子」的趙薇，二位都是把這個小角色演活了。人生際遇大不同，活在當下，盡能力做好一切，所得到有時未必馬上回報，所以要不要去做，決定在自己，基本上人一生的變化很大，只有培養自己的意志力，就可以改變一生。人生是積極的，如何藉由紫微斗數學問，了解自己，讓自己能夠乘勢而行，開創人生高峰。

第二章

宮氣運用說明

第一節

五行

〈五行大義篇〉說（西元五八一～六一八年隋朝蕭吉撰）：「天有五行：一曰木、二曰火、三曰土、四曰金、五曰水。木、五行之始也；水，五行之終也；土，五行之中也，此其天次之序也。木生火，火生土、土生金、金生水、水生木、此其父子也。木居左、金居右、火居前、水居後、土居中央。此其父子之序。相受而布，是故木受水而火受木、土生火、金受土、水受金也。諸授之者、皆其父也；受之者、皆其子也。常因其父以使子、天之道也。是故木已生而火養之、金已死而水藏之，火樂木而養以陽，水克金而喪以陰。土之事矢、竭其忠、故五行者、乃孝子忠臣之行也。五行之為言也、猶立行歟、是故以得辭也。」

《春秋繁露》〈五行對篇〉說：「河間獻王問溫城董君曰：『孝經曰：天孝，天之經，地之義，何謂也』。對曰：『天有五行：木、火、土、金、水是也。木生火、火生土、土生金、金生水。水為冬、金為秋、土為季夏、火為夏、木為春。春主生、夏主長、季夏主養、秋主收、冬主藏。藏，冬之所成也。是故父之所生，其子長之；父之所長，其子養之；諸父所為，其子皆奉承而續行之，不敢不致如父之意，盡為人之道也。故五行者，五行也。」

〈五行大義〉中對河圖及五行（金、木、水、火、土）應用數之定義，說明五行生剋之理，依據天地變化的過程，而運用在數的觀念上之關係，重點如下：

「一、六」共宗水，大衍之數為1或6之數為屬「水」。

「二、七」同道火，大衍之數為2或7之數為屬「火」。

「三、八」為朋木，大衍之數為3或8之數為屬「木」。

「四、九」為友金，大衍之數為4或9之數為屬「金」。

「五、十」同途土，大衍之數為5或10之數為屬「土」。

五行相生是指金生水，水生木，木生火，火生土，土生金，金生水；五行相剋是指水剋火，火剋金，金剋木，木剋土，土剋水。五行相生或相剋，是邏輯判斷標準。

木、火、土、金、水稱之為「五行」，五行在易經或命理預測中站非常重要的角色，在邏輯上的強弱判定標準，最大的不同是一種循環式的邏輯，而非直線式或是單一性，在易經觀點「天地」是循環的，而非直線。在邏輯判斷上分為二大部份。

一是相生，是指木、火、土、金、水「五行」相生，如金生水、水生木、木生火、火生土、土生金。（外圍箭號為相生）如圖2-1、五行生剋圖所示，是一種生生不息循環觀念。

二是相剋，指木、火、土、金、水「五行」相剋，如金剋木、木剋土、土剋水、水剋火、火剋金。（內部箭號為相剋）如圖2-1、五行生剋圖所示。是一種壓抑、

圖2-1　五行生剋圖

限制之意。

六十花甲納音是由十天干與十二地支所組合六十干支，各有所屬五行，在應用上是很廣泛的。建議讀者要背記來，使用時比較方便，若沒有背使用掌中訣也可以，在紫微斗數中只要其「五行」運用即可，例如「甲子乙丑海中金」，只有運用「甲子、乙丑」五行屬「金」即可。

六十花甲納音如下：

甲子乙丑海中金、丙寅丁卯爐中火、戊辰己巳大林木、庚午辛未路旁土、壬申癸酉劍鋒金、

甲戌乙亥山頭火、丙子丁丑澗下水、戊寅己卯城頭土、庚辰辛巳白蠟金、壬午癸未楊柳木、

甲申乙酉泉中水、丙戌丁亥屋上土、戊子己丑霹靂火、庚寅辛卯松柏木、壬辰癸巳長流水、

甲午乙未沙中金、丙申丁酉山下火、戊戌己亥平地木、庚子辛丑壁上土、壬寅癸卯金箔金、

甲辰乙巳覆燈火、丙午丁未天河水、戊申己酉大驛土、庚戌辛亥釵釧金、壬子癸丑桑柘木、

甲寅乙卯大溪水、丙辰丁巳沙中土、戊午己未天上火、庚申辛酉石榴木、壬戌癸亥大海水。

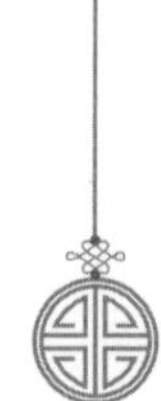

第二節
體用概念

體用

凡占卜成卦，即畫成三重，本卦、互卦、變卦也。使於本卦分體用，此一體一用也。以卦五行明生剋比肩之理。此一用卦最切，看畫卦變卦，直變亦用也：此內之體用也，又次看應卦亦用也。此合內外之體用也。然則不止一體一用，所謂體一用百也，生剋即分，體用則論生剋，生體則吉。剋體則凶。比和則吉，不必論矣。生體多者，則愈吉，剋體多者，則愈凶，然此卦生體，諸卦有剋此卦者，頗減其吉，此卦剋體，諸卦又有剋此卦者，稍解其窮，有生此卦者吉，有剋此卦者凶，此體用之生剋，然卦之生剋，有不論體用者，如占天時，有震則有雷，有巽則有風，逢坎則有雨，逢離則晴，此一定之理，又有不然者，如論卦中乾兌多，則震無雷，巽亦無風，又必有此訣也，皆隱然外卦之意，如觀梅有女折花，算牡丹有馬踐地，風升有飲食兆。此又非外應之兆，不能決也。

體用生剋之訣

占卦即以卦分體用互變。即以五行之理。斷其吉凶。然生剋之理。於內卦體用互變。一定之生剋。若外卦。則須明其真生真剋之五行。以分輕重。則禍福立應。何也。假如乾兌之金為體。見火則剋。然有真火之體。有火之形色。真火能剋金。形色則不能剋。能剋則不吉。不能剋。則不順而已。蓋見爐中火。窯灶之火。真火也。烈焰巨炷。真火也。乾兌為體。遇之不吉。若色之紅紫。形之中虛。槁木之離。日灶之火。則火之形色。非真火之體。乾兌為體。不為深忌。又若一盞之燈。一炬之燭。雖曰真火。微細而輕。小不利耳。又若震巽之木體。遇金則剋然釵釧之金。金鉑之金。成錠之銀。杯盤之銀。與器之錫。瑣屑之銅鐵。皆金也。比等之金。豈能剋木之所忌者。快刀銳刃。巨斧大鋸。震巽之體。值之必有不吉。又若離火為體。見真水能剋。然但見色之黑者。見體之濕者與夫血之類。皆坎之屬。終忌之而不深害也。餘卦為體所值。外應剋者。皆以輕重斷之。若夫生體之卦。亦當分辨土與瓦器皆坤土金遇之土能生金。瓦不能生也。樹木柴薪。皆木也。離火值之。柴薪生火之捷。樹木之未代者。生火之遲也。木為體。真水生木之福重。如豕如血。雖坎之屬。生木之類。輕也。其餘五行生剋。並以

類而推之。

在「五行」運中，其規則是「體」與「用」的觀念，以何為「體」呢？簡單的說是以主要目標條件為本「體」，即是基準點之意，而「用」則可比喻成環境之意，這個環境是包含者人、事、物與主體關係，「體」與「用」的關係，只能有一個「體」一「用」或一「體」多「用」或一「體」百「用」，配合五行運作觀念，主體與環境之變化關係做較明確定義。

舉例說明，以「人」為主體，天氣就是「用」，天氣冷熱陰晴，會影響「人」穿衣服的變化，若要參加結婚喜慶，所選擇的衣服是不同於一般外出之服裝，要如何前往，最少有三個選項，一是搭公眾交通工具，第二是自己開車或騎車，第三是搭計程車等，前面列舉三個主要的「用」與「體」的變化，除了與本身關係變化，也會因「用」與「用」的關係，而改變「體」的決策，就是我們常說的，在某環境下只有「被迫選擇」，讀者可以體會此用法。

「體」與「用」的變化在紫微斗數中，可以分五種方式討論（以「體」與「用」能量相等討論）：

一、「用」來生「體」表示環境增加本體能量。

二、「體」來生「用」表示本體必需消耗能量，減少本體的能量。

三、「用」來剋「體」表示限制本體能量產生衝突的能量，使其本體不易完全發揮出來。

四、「體」來剋「用」表示本體要發揮很大的能量限制或衝突環境的能量。

五、「體」與「用」是同一種屬性，維持原有的能量。

「體」與「用」、「相生」與「相剋」之運用，主要探討本身的基準點與環境變化強弱的判定標準，易學概念是把萬事萬物可以歸類為這五行屬性，再進行比較。例如，以「五行」之火為本體為例，木生火本體，火本體生土，火被水剋，火來剋金，這是在在等量關係時會成立，但在不等量，無法剋制時會產生「自刑」現象，對本體造成重大的損傷，以相生時會產生「華而不實」現象，木來生火等量時候是好的，木的量是很少的，則實無幫助，實物上火很大，若沒有等量木材升火，火是不會旺的；相剋時會產生「自不量力」現象，火能剋金，在實體上火的溫度不夠高，是無法溶金的，而這個火是沒有用的。

「體」與「用」理論上都不是很難，很容易懂，要使用是比較困難，困難在於一件事情的主體為何，如何找出主體來做判定，這才是比較困難的地方，這個經驗可以從書上得到最快，開卷有益，多看書，多看命例，多練習，多與智者學習，最重要是要內化轉換成為自己的經驗，也讓自己成為智者。

第三節

何謂宮氣

紫微斗數是很少人提到宮氣問題，或許是古人在這方面刻意隱滿，或是秘而不宣，宮氣是一個很重要的判斷因素，宮氣對星曜生與剋，則星曜的特質展現強與弱判斷依據，星曜特性巨細靡遺表現，就要靠宮氣分析，各星曜特性在各宮的展現程度。

宮氣要如何看呢？就是宮干支之合化五行，就是宮氣，例如在寅宮位之天干為壬，則此宮干支為壬寅，壬寅在六十納音為「金」，宮氣則是「金」，六十納音如下：

甲子、乙丑「金」、丙寅、丁卯「火」、戊辰、己巳「木」、庚午、辛未「土」、壬申、癸酉「金」、甲戌、乙亥「火」、丙子、丁丑「水」、戊寅、己卯「土」、庚辰、辛巳「金」、壬午、癸未「木」、甲申、乙酉「水」、丙戌、丁亥「土」、戊子、己丑「火」、庚寅、辛卯

「木」、壬辰、癸巳「水」、甲午、乙未「金」、丙申、丁酉「火」、戊戌、己亥「木」、庚子、辛丑「土」、壬寅、癸卯「金」、甲辰、乙巳「火」、丙午、丁未「水」、戊申、己酉「土」、庚戌、辛亥「金」、壬子、癸丑「木」、甲寅、乙卯「水」、丙辰、丁巳「土」、戊午、己未「火」、庚申、辛酉「木」、壬戌、癸亥「水」。

紫微斗數星曜大部份是有其五行屬性，星曜之五行，應用上大多是五行生剋判斷，比較少論屬陽、屬陰之關係。與宮氣相生與相剋時，會展現其星曜正面或負面之特質，以下把星曜有五行及基本特質整理如下：

紫微——屬土，陰，化尊，解厄延壽制惡，南北斗中天之尊星，化帝座，司爵祿、尊貴；含有解厄、制化、延壽之作用。

天機——屬木，陰，化善，南斗第三星益壽之星，為兄弟主，化氣為「善」。

太陽——屬火，陽，化貴，財帛主父夫子，南北斗中天吉星，化氣為「權貴」，司官祿主。

武曲——屬金，陰，北斗第六星，化氣為「財」，為財帛主。

天同——屬水，陽，南斗星第四星，化氣為「福」，主福德，能延壽制化，福德主解凶厄。

廉貞——屬木火，陰，北斗第五星，化氣為「囚」，司品秩與權令，主官祿。

天府——屬土，陽，南斗第一星，化氣為權令，為財帛、田宅主，有延壽、解厄之星。

太陰——屬水，陰，南北斗中天吉星，化「富」，主財帛、田宅。

貪狼——屬水、木，陽，南北斗第一星，化氣為「桃花」，主福禍。

巨門——屬水，陰，北斗第二星，化氣為「暗」，主是非。

天相——屬水，陽，南斗星第五星，化氣為「印」星，為司爵之宿，為福善，為官祿宮主，制廉貞宜官祿。

天梁——屬土，陽，化蔭，南斗第二星，化氣為「蔭」，主壽星，司壽之星、為福壽、主吉祥，能有解厄制化功能。

七殺——屬火、金，陰，南斗第六星，化氣為「殺」，為將星，主肅殺。

破軍——屬水，陰，北斗第七星，化氣為「耗」，主禍福，司夫妻、子女、奴僕三宮。

文昌——屬金，陽，南北斗，司科甲，文學之星，又名文桂（貴）。

文曲——屬水，陰，北斗第四星，主科甲，又名文華之星。

火星——屬火，陽，南斗助星，化氣為「殺」號「殺神」，主性剛。

鈴星——屬火，陰，南斗助星，化氣為「殺」，主性烈，為「從神」。

地劫——屬火，陽，化氣為「破失」，劫殺之神，主破敗諸宮惡。

天空——屬火，陰，化氣為「多災」，上天空亡之神，主災禍諸宮凶。

左輔——屬土，陽，南北斗助星，化氣為「令」，為紫相相佐之星，為廣祐助力之星，行善令。

右弼——屬水，陰，南北斗助星，化氣為「令」，為紫相相佐之星，為廣祐助力之星，行善令。

祿存——屬土，陰，北斗第三星，化氣為「爵祿」，司貴壽解凶厄，有解厄制化之功。

擎羊——屬火、金，陽，北斗助星，化氣為「刑傷」主刑傷，又稱「羊刃星」。

陀羅——屬金、火，陰，北斗助星，化氣為「忌」，主是非。

天魁——屬火，陽，南北斗助星，化氣為「陽貴」，又稱「天乙貴人」，司科甲之星。

天鉞——屬火，陰，南北斗助星，化氣為「陰貴」，又稱「玉堂貴人」，司科甲之星。

天刑——屬火，陽，主孤剋，廟掌兵喜武陽。

天姚——屬水，陰，主風流，廟雅逸陷淫佚。

天馬——屬火，陽，驛馬，司財祿主遷動。

天傷——屬水，陽，虛耗，逢歲限主災厄。

天使——屬水，陰，災禍，逢歲限主驚險。

天刑——屬火，陽，孤尅，廟掌兵喜武陽。

天姚——屬水，陰，風流，廟雅逸陷淫佚。

天哭——屬金，陽，刑尅，廟災輕陷憂傷。

天虛——屬土，陰，虛耗，廟災輕陷災悔。

紅鸞——屬水，陰，福喜，主婚姻諸宮吉。

天喜——屬水，陰，福喜，主婚姻諸宮吉。

三台——屬土，陽，福貴，宜身命同八座。

八座——屬土，陰，福貴，宜身命同三台。

龍池——屬水，陽，福貴，宜官命同鳳閣。

鳳閣——屬土，陽，福貴，宜官命同龍池。

天才——屬木，陰，聰明，主才能宜命身。

天壽——屬土，陽，壽元，宜身命財官宮。

恩光——屬火，陽，殊恩，宜身命財遷官。

天貴——屬土，陽，殊貴，宜身命財遷官。

天官——屬土，陽，貴顯，宜身命財遷官。

天福——屬土，陽，爵祿，宜身命財遷官。

台輔——屬土，陽，貴顯，宜身命財遷官。

封誥——屬土，陰，封贈，宜身命財遷官。

孤辰——屬火，陽，孤寡，忌入命身父母。

寡宿——屬火，陰，孤寡，忌入命身妻子。

蜚廉——屬火，陽，孤尅，忌入命身父母。

破碎——屬火，陰，損散，忌入命及要宮。

博士——屬水，主聰明及才能，有權又有壽。

力士——屬火，主權勢，喜入命身官遷財福。

青龍——屬水，主喜氣及進財，亦主富機變。

小耗——屬火，主破損不聚積，忌入命身財。

將軍——屬木，主威猛而性暴，利武不利文。

奏書——屬金，主福祿及喜訊，宜入財官遷。

飛廉——屬火，主孤尅刑傷，忌入命身父母。

喜神——屬火，主延續及諸吉慶，宜入妻子。
疾符——屬水，主疾災，忌入命身及諸要宮。
大耗——屬火，主耗破及退祖敗財，忌命身。
伏兵——屬火，主口舌是非，忌入命身財福。
官府——屬火，主官非訟訴，歲限凶主牢獄。
喪門——屬木，主喪亡，妨妻虛驚，喜吉解。
白虎——屬金，主刑傷，忌入命身及少中運。
吊客——屬火，主孝服，忌入命身及少中運。

宮氣概念已有初步的印象，接下來介紹如何把星曜與宮氣之五行生剋，整合運用，在後面章節中會有實例介紹，可以通盤的了解，在本章節中例舉單星為例，先了解宮氣運作情形，能在這個例子中學習到一些方法。

筆者在《紫微星鑰》一書中，介紹星性最基本的特質，是將所有星性全部完整介紹，以現實生活中事物來解釋，淺白易懂，可以參考此書。

宮氣與星曜是如何運作呢？舉一個星曜「巨門」星為例說明之，巨門星特質在上述「巨門」星屬水，陰，北斗第二星，化氣為「暗」，主是非，我們知道巨門星是五行屬「水」，在《紫微星鑰》一書第五章中介紹巨門星的特性為：「猜忌」、「口舌」、「食祿」、「紛擾」、「易有官非」、「細心」、「辯才」、「善於分析」，特性有正面的，也有負面的。

巨門星的優、缺點：

是巨門星之特性，轉化為現代的常用語，以下是筆者論述之參考，讀者要掌握星曜核心重點，可以自行運用及發揮。

巨門的優點：

心地善良，做事細心，善於思考分析，觀察力強，有口福、食祿，愛吃零食，說話條理分明，引經據典，具有說服力，給人的感覺是幽默風趣，臨場反應佳，有群眾魅力。

巨門星的缺點：

說一件事情經常會添油加醋，或是說者無心聽者有意，所傳達的訊息有錯誤，或是事情的重覆次數太多，說話的場合或時機不對，詞不達意，搞不清楚狀況等，因口舌而招惹是非，在行事風格或思路上易與眾不同。平時要多提醒自己，說話時多注意，宜多修身養性。

我們知道巨門星上述特性及優、缺點，要如何來判定其是優點展現，何時會有缺點展現

呢？這就是宮氣的重要性了。有了宮氣就可以有清楚的邏輯判斷標準判定優、缺點，不會有模稜兩可狀況，明白星曜之強與弱。

判定規則是以星曜為主，即為「體」之意，宮氣為「用」，宮氣是要影響星曜的優、缺的強弱關鍵因素，這裡是不考慮裡面有四化之變化。

用數值展現其強弱度，比較容易理解，若用文字敘述不易了解表達之內容強或弱到何種地步。在判定上提供下列五種規則。

規則一：宮氣五行生星曜五行時，則星曜的優點展現百分之百。

規則二：星曜五行生宮氣五行時，則星曜優點展現只有百分之五〇。

規則三：宮氣五行剋星曜五行時，則星曜的缺點展現百分之五〇。

規則四：星曜五行剋宮氣五行時，則星曜的缺展現只有百分之五〇。

規則五：星曜五行與宮氣五行相同時，則星曜優缺展現各為百分之五〇。

說到這裡讀者應可以找出強弱判定的方式，而星曜解說不是見人說人話，見鬼說鬼話，若是這樣星性優缺點說，則用猜測的機會就很高了。有判定標準作業流程的話，每次所使用的方法都是一致性的，可以找出問題，或是做更精準分析。

判斷的邏輯有明確的規則，再來就是表達方面，要靠自己去說明詮釋，每一個星曜都有一個特質，有其專長部份，應用在人、事、物、健康等有不同的解說，效果是不一樣的，如何恰如其分表達，讓人易於了解，說實在這是很不容易的，要某一個情境中說出適當的話，且要把複雜事情簡單說，要有一番的訓練與體會，否則會變成冷笑話。

筆者以前聽過一個笑話，就是台鐵提供直達車服務，用不同的票搭不同車，有一個婦人買了普通車車票，搭了直達車，列車長告訴這一位婦人，你這一張票不可以搭這部車，你要搭比較慢的普通車，婦人答：「你請司機開慢一點，我不趕時間。」若你是這一位列車長，你要如何用最簡單最短的話說明，讓這一位婦人了解呢？

我們常有一個迷思，在專業的領域久了，就會不知不覺的使用專業術語，各行各業都有專業術語，不是每個人都會知道，會讓人有一種丈二金剛摸不著頭腦，不知所云，沒有語言的共同點，最後給人的感覺是不準的，其原因是聽者沒有感受到共鳴，要如何才能辦到呢？平時多看書、細微觀察人際互動感覺、生活上的共同語言等，再分析個人情境，並結合星性，內化成自己的語言表達出來。

上述原則大部份可以套用，有些星曜是有例外現象，請讀者詳讀第三章，在各宮運用中說明，我們以宮氣五行金、木、水、火、土做一推論練習，以巨門星為例，做一說明，本例中不討論四化星加入變化之說明。

假設一

宮氣為「金」，星曜「巨門」屬「水」，宮氣五行生星曜五行，可以使用規則一方式，選取巨門星之特性為「食祿」、「細心」、「辯才」、「善於分析」。規則一：宮氣五行生星曜五行時，則星曜的優點展現百分之百，所以巨門星的優點全部展現，可以把巨門星優點變成一句話說明：「心地善良，做事細心，善於思考分析，觀察力強，有口福、食祿，愛吃零食，說話條理分明，引經據典，具有說服力，給人的感覺是幽默風趣，臨場反應佳，有群眾魅力。」

假設二

宮氣為「木」，星曜「巨門」屬「水」，星曜五行生宮氣五行，可以使用規則一方式，選取巨門星之特性為「食祿」、「細心」、「辯才」、「善於分析」。規則二：星曜五行生宮氣五行時，則星曜優點展現只有百分之五〇，所以巨門星的優點展現一半，可以把巨門星展現一半優點說法做一修改為：「心地善良，做事細心，分析力強，反應快，愛吃零食與美食，說話稍嫌

囉嗦，喜愛與人辯論，與朋友都有話可以聊。」

假設三

宮氣為「土」，星曜「巨門」屬「水」，宮氣五行剋星曜五行，可以使用規則一方式，選取巨門星之特性為「猜忌」、「口舌」、「紛擾」、「易有官非」。規則三：宮氣五行剋星曜五行時，則星曜的缺點展現百分之百，所以巨門星的缺點完全展現，巨門星特質缺點說法：「述說一件事情經常會添油加醋，或是說者無心聽者有意，傳達的訊息有錯誤，或是事情的重覆次數太多，說話的場合或時機不對，搞不清楚狀況等，因口舌而招惹是非，在行事風格或思路上易與眾不同，對自己很沒有信心，易在言語上跨大掩飾自的不足。平時要多提醒自己，說話時多注意，宜多修身養性。」

假設四

宮氣為「火」，星曜「巨門」屬「水」，星曜五行剋宮氣五行，可以使用規則一方式，選取巨門星之特性為「猜忌」、「口舌」、「紛擾」、「易有官非」。規則四：星曜五行剋宮氣五行時，則星曜的缺展現只有百分之五〇，所以巨門星的缺點展現一半，巨門星特質缺點的說法修

一下：「常因傳達事情的訊息時會加上自己意見或跨大不實，對於事情判斷，經常出問題，或是沒有針對問題本質討論，說話的場合或時機不對而常說錯話，因口舌而招惹是非，引起不必要糾紛，自己信心不足。平時要多提醒自己，說話時多注意，宜多修身養性。」

假設五

宮氣為「水」，星曜「巨門」屬「水」，星曜五行相同宮氣五行，可以使用規則一方式，選取巨門星之特性為「猜忌」、「口舌」、「食祿」、「紛擾」、「易有官非」、「細心」、「辯才」、「善於分析」，這些特質都有。規則五：星曜五行與宮氣五行相同時，則星曜優缺點各有百分之五〇，所以巨門星的優、缺點各展現一半，巨門星特質缺點的說法修飾：「自信心比較不足，分析力及觀察不錯，愛吃零食與美食，說話稍嫌囉嗦及誇大，喜愛與人爭辯，有時在說話場合或時機不對而常說錯話，容易因口舌而招惹是非及糾紛。平時要多提醒自己，說話時多注意，宜多修身養性。」

讀者看到這裡，應有一些認識或概念，以上五個假設是以單純的星曜與宮氣五行來討論其生剋制化之理，在判斷星曜之強弱有其依據，古人這一段沒有說明白，只有告訴你在哪一年出生者某星曜在的宮是廟、旺、平、落、陷，原理了解不用背這麼多，只要記得原則即可。

在本書第六章是實例說明，讀者先可以看第六章之實例之內容，將各宮位的星曜做一推論分析，是如何推論而來的步驟一步一步說明，還有四化星曜之說明，最後如何整合成一段話或是說明，有助於論斷的學習，先看例子有一些概念再回來看以後之章節，學習上會不一樣的收獲。若是這些例子不足，要多學習一些例子，可看第四節工具介紹，協助你學習。

若你對「宮氣」還有一些不明白，可以到網路YouTube或是「優酷」關鍵查詢字「王文華老師紫微斗數教學」，找到「宮氣」影片介紹，或是下方有QRcode掃描一下，直接觀看，可以得到一些想法。

第四節

學習紫微斗數工具軟體

現代是一個講究快速且效率時代，學習紫微斗數光是排盤是需要很長的時間學習，排一個完整盤最快也要半個小時，有時還會常有錯誤，早期未使用電腦排盤，一般會先印好基本格式寫出入出生時間，星曜再排好，或是使用一種圓型的轉動排盤工具，現代排盤大多以方型盤為主，電腦科技運用之提升，不只是取代人工排盤，還提供更多資訊。筆者推薦到https://meen.tw網站免費註冊，有免費紫微斗數、八字排盤、萬年曆等，功能強大。

排盤軟體工具不只是只有排盤的功能，能提供輔助能，對於命盤分析盤有很大的幫助，例如要看四化星的位置，點宮天干就會找出四化星曜在命盤的位置，就會知道本位置是與各宮之關係，這個功能是稱為「干找星」，在本書第五章有詳細介紹。

四化星曜找天干位置，也是一個很重要的方法，星曜之與天干關係，所產生的疊宮關聯性，這個部份是比較容易被忽略的部份，有此功能，更能分析來龍去脈。例如是哪一個天干會造成本體不順或是問題，就要避免所在的天干位置去引動不好的能量，達到趨吉避凶效果。

https://meen.tw 排盤功能還有一項很不錯的功能，就是可以把祿存、羊刃、陀羅以流運方式來顯示。例如以流年盤而言，顯示十年祿存、羊刃、陀羅，名稱會改大祿、大羊、大陀，流年則以流祿、流羊、流陀來顯示，是否有疊在一起，可以幫助判斷的，減少疏失，這個功能必須設定才會顯示。

在流年盤時把本命、十年、流年之四化同時顯示在同一命盤裡，在本軟體有提供此項服務，但也是要設定，請到後台設定「紫微設定」→「設定排盤參數」→「動盤四化顯示」→點選「重疊顯示」，若有其他特別設定時，請參考 https://meen.tw 的官網設定說明，簡易操作部份請參考附件排盤軟體操作。

各位讀者對於星曜、四化星曜在各宮解說若不是很明瞭，可以租用論斷分析功能，是筆者所詮釋之解說，內容是把星曜在各宮做解說。解說內容從本年、十年、流年、流月、流日十二宮位及四化解說，以單星方式條列式解說，貼近生活用語熟悉的事物說明，文字解說約五十多萬字以上，這裡解釋包含了長生十二星、博士十二星、將前十二星、歲前十二星解說，也是可以利用此功能學習星曜解說技巧，要看哪一宮解說，請點擊宮職的部份（紅色字）會立即顯示出來。

四化解說部份，有四個段落，分別是化祿、化權、化科、化忌四個部份，如圖2-2所示。

在使用四化論斷說明時，要先了解四化由哪宮位飛到何宮位，再來看解釋，自己要先會有一個解說，再看解說，增加學習印象。

另外有一個「吉凶分析」功能，對初學者是比較難一點，這個功能是主要分析該宮位的吉凶時間，要在動盤下才能操作，筆者會在「紫微垂象」中介紹此功能，這個功能在推論而言是比較

圖 2-2　星曜及四化解說

盤別： 流年盤 **宮位：** 【命宮】 **宮干：** 丁 酉 火

星曜解說：

今年對你來說是運用智慧的一年，凡事須經思考後才決定；腦筋靈活、思想敏銳，個性急但談吐斯文。精神壓力大，有時會想太多，而讓自己有一點神經過敏。今年適合多學習些新事物、自我進修，出國機會相當高，對宗教有虔誠的信仰或有緣份。

你今年的分析能力比以前強了許多，組織能力和策劃能力也相當的好，今年應該是成果豐碩的一年。但是要注意的就是要把自己的傲氣收斂起來，這樣才不會到處得罪人，而引來無端的是非。另一方面如果能夠在專業領域中徹底的鑽研，並且付諸實行，那麼你自己也會對自己的成果感到滿意的。

在今年流年變的比較容易自尋煩惱、鑽牛角尖，意志力薄弱，易有感情方面的困擾。

想法奇特與眾不同，有時想法會與現代的社會有差距，易與宗教結緣，若在網路或事業上有創新的想法。

給人感覺有煩惱，感傷或內心掙扎的事情比較多。

聰明有才藝，企劃能力強，有機謀，大多能夠學以致用。

動力不足，意興闌珊，沒有企圖心，有破財或物品遺失的現象。

執行力強，行事容易成功，精神愉快。

多注意意外狀況，小心為宜。

環境因素對你幫助不大，氣勢開始轉弱，行事大多會變慢的現象。

流年星曜解說

四化解說：

祿 今年在工作推動方面相當順利，工作上也比較輕鬆，有進財或加薪的現象。今年你在工作上相當的穩定，可以因工作上關係易有投資而獲利[illegible]，或是因工作關係會接觸投資理財，今年工作與化工業、清潔用品、化粧品類、女性用品、金融商品等之相關產業易獲利。

權 想法上比較霸道，[illegible]強烈，喜發好司令，大多能憑自己的堅強意志且有企圖心。今年運氣好，心想事成，在想法上比較單純，但是又不糊塗，很會用[illegible]周遭的狀態，自己樂於助人，也多有貴人相助，很有福氣，凡事都能夠逢凶化吉，內心輕鬆愉快。

科 在外地比較會有好名聲，且有貴人提攜，容易受到他人的賞識。今年外出運極強（出國運）外出大吉，出外多能得到幫助，越是奔波往返[illegible]有名氣，你是適合遠行，在外易有創新的想法，計畫多會成功。

忌 今年在外地處理事務較為不順利，阻礙多，勞碌奔波，難有成就。今年外出口舌爭執在所難免，易遭受誹謗等或是事件溝通不良，對事情判斷錯誤多，出外易會遇到一些奇怪的事情。

本論斷僅供參考

複雜的，邏輯方法是比較清楚，屬於機械式的公式，準確度相當高，例如要看結婚時間點在何時？何時有大財進來？工作運會變好等？詳細四化垂象定義，可以參考 https://meen.tw 官網說明。

有時候在學習紫微斗數時，當學到一項可以推論的項目，往往希望要能夠馬上使用，「吉凶分析」租用可以馬上使用，不用透過很長的時間學習，只要學習操作，馬上可以上手使用解讀，尤其是運用在個人職場上、求財、感情非常適合。例如，要拜訪客戶，可以利用「吉凶分析」先分析你的事業運的吉凶時間點在何時，若是吉時是在某一日及某一時辰，這個對我最有利，約這個時間拜訪，若對方時間排不出，再找好時間再約，運用環境對你是有利的，則洽談成功機會很大。如何應用軟體工具，讓我們工作上順利，這不只是運籌帷幄，更能決勝千里之外。

第三章

星曜宮氣與面相關係

第一節

各星在十二宮意義

十二宮的介紹是在於我們人一生之中常遇到的事情，縮小在十二宮內表示其關係，而在這十二宮中在某一個情境中會改變，例如在兄弟宮不是只有血緣的人才是兄弟宮，可以認為是同學、同事、合夥人等，也有可能由同學變成夫妻，這個關係是會隨時間或情境而改變，這是符合《易經》核心原理是「變」乃是不變的道理。

在運用時要注意當時情境，再看要問何事，決定「體」、「用」關係，所以在學習紫微斗數時要去了解基本的元素，當別人問時，要知道問題在哪裡，從紫微斗數哪一個點切入分析才正確，沒有弄清楚在應用就會搞不清楚，結論會差很多。宮位（一般可稱為宮職）的運用不是只有一個宮位看一件事情，要根據問題選擇哪幾個宮位一起看，例如要看一個整體個性，命宮與福德宮要同時看才可以。

十二宮我們可以區分四大類——人、事、物、疾厄（健康）等四大類。

人的部份：

命宮、福德宮、兄弟宮、夫妻宮、子女宮、奴僕宮、父母宮

事的部份：

命宮、福德宮、遷移宮、官祿宮

物的部份：

命宮、福德宮、財帛宮、田宅宮

疾厄（健康）的部份：

命宮、福德宮、疾厄宮

十二宮職介紹

命宮：代表你一切行為舉止，包括你運氣的好壞及未來發展的情形，一生歷程、個性的特質、相貌、才能、才華、人生觀、未來的發展情形；亦代表其他宮位的綜合體，亦即所謂的立

命點，為判斷的格局的大小，以上論述是在先天本命盤為主。

在流運上運用，主在十年大運而言，一般稱為十年命宮，指在這十年之中的個性、運程及觀念的變化情形，亦包含這十年的運氣變化及機運。流年命宮、流月命宮、流日命宮、流時命宮……等等，都是代表時間變化與本身個性變化的組合，不可以拘泥一種的看法。

福德宮：代表你的內心想法、意志力及精神層面的問題，對於事物的看法或感覺，是悲觀或樂觀，遺傳方面的問題等；自我內心衡量事物的量尺，例如想法、感受、精神生活的狀態、道德判斷尺度依據等。在看福德宮時要和命宮合參，福德代表內心世界，命宮代表外在的行為表徵，兩者要合論。

流年而言，精神上壓力承受度，內心的想法，做事的積極態度。

兄弟宮：顯示你與兄弟姊妹相處緣份深淺、相互對待關係、兄弟姊妹是否能夠功成名就，也表示兄弟姊妹的才華，亦顯示你與平輩或是合夥人之間的關係，是否能得其助力，及其他一切的對待關係。以流運而言兄弟宮代表你與兄弟、平輩或是合夥人之間的關係是否緊密。

在流運用上，兄弟宮是主要代表自己同輩，在一家公司裡與你同單位的同事，在一起做事，這就是用兄弟宮解釋，在學習時同時上課的同學或學員都是算是兄弟，有些是短暫有些時間會比較長，要靈活運用。所以在某一個情境中或某個時間內，有時在某一個時間會變成朋友

宮等，也有可能變成夫妻。

夫妻宮：代表你與配偶或異性朋友之間的對待關係，異性緣、婚姻感情生活的好壞，亦代表對方的才華、長相、家世及個性等，夫妻宮可以用命宮解星性方式解釋，夫妻宮的星也代表你對另一半欣賞的類型或想法。

以流年運而言，可以了解結婚緣份，在何時會結婚，何時會婚姻危機等，早婚、晚婚是否得宜等。

子女宮：代表子女多寡、子女發展，部屬關係及子女與你的關係，你對孩子的關心程度與否，例如職業是老師代表你是否有學生緣；若是公司的主管，代表你與部屬相處的好壞，部屬是否能獨當一面；亦代表你的性慾需求能力、生殖能力、桃花運等。

流年運時，表示你與孩子的相處關係是否良好，若是企業的主管，可以了解與部屬之動關係退好，是否會出問題……等；流年的桃花運是否強。

財帛宮：代表你對財務運用狀況，錢財如何進、如何出，開闢財源的能力，獲利能力，亦表示理財管理能力或賺錢的機會強與弱，賺錢種類是哪一種，是適合上班領固定薪水、自行創業當老闆、適合投資事業？

流年運時，代表你今年的財運變化起伏，是否會有賺錢或是賠錢的狀況。

疾厄宮：代表你身體健康狀況，身體體質之強弱，疾病的種類與災厄等，可表示身體各部位健康情形，意外災害的可能性，也代表脾氣的好壞，個性是否豪爽。

流年疾厄宮可以了解當年度的身體狀況如何，是否有意外的災害，脾氣好壞的變化。

遷移宮：代表你出外是否順利，在外的競爭能力及活動力的展現、社交應酬、人際關係的擴展能力，外在形象的表現等。現代社會的進步，外出機會頻繁有代表交通上的安全，另外也顯示出外來因素對你所造成的影響，以判別事務發展的好、壞、吉、凶。

流年運是代表你今年在外人際關係的擴展、出外某事是否順利，在外的競爭強與弱，是否有意外事情發生（要與疾厄宮合參）。

僕役宮：也稱為朋友宮，代表你交友的類型或是與朋友的互動性，是否正人君子或是酒肉朋友；與朋友、部屬、合作及相處的狀態，朋友對你是有幫助或是你經常幫助朋友，亦代表領導能力的展現程度及運用人才的能力，也代表你對跨部門的協調能力，擴及企業指企業策略聯盟的能力。若從經營事業而言是指門市，或是過路客，或是粉絲多或少等。

流年則是看你管理情緒的高低，領導魅力的強弱，朋友關係，或是與不認識的人互動情形。

官祿宮：也稱為事業宮，現代社會多元化，所衍生的職業，行業屬性太多，不只三百六十行，在工作的分類上要注意。在官祿宮所代表工作上的表現，例如升遷是否順利，從事何種職業，工作能力發揮，更可顯示你適合從事何種行業類別，以及何種職務？在學期間的功課是否理想等？工作的機會是否多？

流年表示工作是否順利，工作壓力多寡，或有否離職現象？學習能力好壞表現。

官祿宮可以以時間來區分二個階段，第一階段是讀書、學習時期，第二時期就業或是創業階段。職業方面可以概分為公職、軍警、學術、企業主、上班族等。

田宅宮：代表你居家生活或居住環境品質好壞，是否有不動產或動產的情形，是否會繼承祖上基業或祖產，以財務觀點而言，亦代表你實際財務方面的資產多或少，如會計的「資產負債表」，有可能負債大於資產或資產大於負債，亦表示家運的起伏情形等。

流年而言，代表你的資產是否有增加或減少，有無購置動產或不動產，今年環境對你的影響或環境適應力等。

父母宮：代表父母親、長輩與你的對待互動關係，是否有受到長輩的提攜及幫助等，代表你的父親與母親相處對待關係、感情是否融洽，父母親與你的緣份淺或薄。在職場上你是否受到上司主管的重視或互動關係，或得上司提拔等。

流年而言，長輩、上司或你的單位主管是否會在今年對你幫助，考試是否會錄取？上司在今年是否會提拔你……等。

第二節

四季氣色

一年分為春、夏、秋、冬，每個季節都有不同的氣色，人們住在地球，受環境影響甚大，因此臉部部位所呈現之顏色也應有不同，如果氣色不穩定時，縱使沒有疾病也多災難，特將心得抒之，以饗讀者。

春天季節為木，方位在東，顏色為青，若臉上氣色呈現白色（五行屬金）者，因金剋木，防肺、呼吸道、肝之疾，西方勿遠行，遠行多不順。

夏天季節為火，方位在南，顏色為紅，若臉上氣色有呈現黑色（五行屬水）者，因水剋火，防泌尿系統、腎、眼、溺水之災，不可近水，近水必生災，宜注意小心。

秋天季節為金，方位在西、顏色為白，若臉上氣色呈現紅色（五行屬火）者，因火剋金，防肺、刀傷血光、心臟血液、足寒、皮膚之疾，南方勿行，外出有災剋。

冬天季節為水，方位在北、顏色為黑，若臉上氣色呈黃紅之色者，因土剋水，防泌尿、腸骨、筋骨之疾，不宜入山林之處，易有凶險迷路之虞。

這只是依四季屬性推演氣色，亦可應用於其他部位，當然還有許多細節之疾病，不在此多詳述，唯臉上當保黃、紫之光澤顏色，四季必可平安，這與各人飲食、坐息、個性都有極大關聯，不可不慎，「持盈保泰」應是最好的養生之道了。

現代時下流行減肥，唯瘦是美，「骨瘦如柴」才算是最美，飲食管制到走火入魔的程度，吃個東西精準算到每個東西多少的熱量，會影響到身材。筆者認為健康要正常的生活及飲食，適當的運動也能舒解壓力，身體健康，身體機能保持一定的活力，代謝正常，氣色才會好；氣色好官運高升大吉，財運滾滾來又永保安康。

現在我們只討論面相與星曜之間的關係，以星曜之特性在人之面相表徵做為連結，在紫微斗數論斷上更為精準，命盤與人之關係及特徵，當特徵越接近命盤之星曜時應驗愈高，故不可不知。另外摘錄古文對星曜之形態描述，提供讀者參閱，以各主星之星曜詳細分析，請參考拙著《紫微星鑰》第五章、第六章、第七章之星性詳細介紹，本書以主要星曜做為論述，由於篇幅有限，其餘省略暫時不談，希望讀者不要誤解。

在下面文中有提到廟、旺、平、落、陷，就是指宮氣相生及相剋之變化，宮氣生星曜為

「廟」，星曜生宮氣為「旺」，星曜與宮氣相同為「平」，星曜剋宮氣為「落」，宮氣剋星曜則為「陷」，有關於宮氣使用方法請參考第二章第三節，要注意的是不符合宮氣原則的例外，在練習時要特別留意才可以。

第三節
各星曜在命宮

命宮所在面相位置臉上之兩眉之間，印堂之下，山根之上，所佔的位置不大，如圖所示（命宮圖3-1），但卻是人立命之處。

嚴格說起來，命宮之星系，應該就是包括你身高、體型、膚色、輪廓、二分之一的個性及特徵，每個星曜都有其特徵。在這個部位所顯示現象，將一一說明，帶領各位對星曜有更深一層的了解。

圖3-1　命宮位置圖

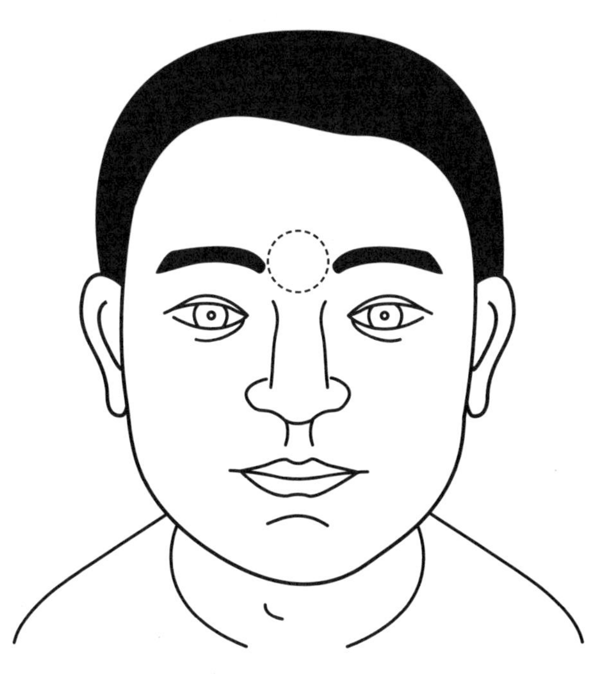

紫微、天府坐命宮之人：

在臉上此部位平滿光滑，略帶黃白之色。

形態特徵（古文摘錄）：

紫微——入命身主形貌敦厚，面色微紫，為人忠厚老成，謙恭耿直。

天府——面圓口方，脣紅齒白，相貌清奇，心性溫和，樂善好施，節行高致，多學多能。

天機坐命宮之人：

此部位或有高低；當天機星受宮氣所剋時，為高；受宮氣所生時為低，色帶青白。高時多有雜毛相生，應拔去此位之毛。

形態特徵（古文摘錄）：

天機——身材不長不短，聰明俊秀，性急心慈而好善，作事有謀略，機智多變。

太陽坐命宮之人：

廟旺之地為平滿黃白。平陷之地，則有下凹、紅白之色，亦多雜毛相侵，應去除。

形態特徵（古文摘錄）：

太陽——相貌雄壯，面方豐滿，聰明好勝，量寬忠耿，不計得失，有福有壽，加煞忌目疾。

武曲坐命宮之人：

此部位多寬廣黃白；為宮氣所剋時，多狹窄或雜毛相侵；色帶紅白。

形態特徵（古文摘錄）：

武曲——形小聲高而量大，性剛果決，心直無毒，至剛至毅之人也。

天同坐命宮之人：

此部位微平或有高低之分。被宮氣所剋時為高色黃黑，被宮氣所生之時為低平色白黑。

形態特徵（古文摘錄）：

天同——相貌圓滿，眉目清秀，性情仁慈耿直，為人謙遜溫和，文墨精通，無亢激。

廉貞坐命宮之人：

此部位多有紋線相沖，色黃紅。被宮氣所生時，為高色青紅。被宮氣所剋時，為低為紋為白紅。

形態特徵（古文摘錄）：

廉貞——身長體壯，眼露光、眉露骨，口濶面横，心狠性狂，不習禮儀，強硬凶暴，粗鄙浪蕩，動輒爭忿，且好女色與賭博（此星得天相存能制其惡，入廟旺與天相或祿存同值，則反主富貴而好禮樂）。

太陰坐命宮之人：

位於廟旺之地乃平滿黃白。位於陷地，則低陷紅黑之色。

形態特徵（古文摘錄）：

太陰——面方圓而色白潤，眉清目秀，聰明溫雅而端莊，度量寬宏，博學多能，愛花醇酒。

貪狼坐命宮之人：

此位高低差異較大。被宮氣所生時，為高廣青黑多雜毛；被宮氣所剋時，為低陷白黃。

形態特徵（古文摘錄）：

貪狼——入廟長聳肥胖，陷地形小聲高。性剛凶猛，機深謀遠，喜怒無常，心多計較。尤其作事急速，愛憎難定，至不耐靜，好高騖遠，奸詐陰險，諸惡兼俱，酒色賭博俱犯。此星惟四墓生人安命四墓之地、或與空亡同值可減其凶，反能習正。

巨門坐命宮之人：

被宮氣所生時，平滿白黃。被宮氣所剋時，低陷紅黑，亦多雜毛。

形態特徵（古文摘錄）：

巨門——入廟身長略胖，清秀而性厚與溫良，博學多能，陷宮則五短瘦小，性好疑惑，與人寡合，面是背非，作事進退，多學少精，多生是非，奔波勞碌，唯祿存或化祿能制。

天相坐命宮之人：

此位多平滿方正；色白黃。被宮氣所生時，平滿方正色白黃。被宮氣所兢時，平滿方正色青黑。

形態特徵（古文摘錄）：

天相——容貌敦厚，溫文持重，言語誠實，事不虛偽，有惻隱之心，急公尚義，喜美食，樂精雅，慷慨不吝，志節堅定，廟地衣祿豐足，陷宮則為平常。

天梁坐命宮之人：

被宮氣所生時，此部位高滿或平滑色黃白；被宮氣所剋時，多低平，色黃黑。

形態特徵（古文摘錄）：

天梁——相貌厚重清秀，性情溫和，穩重耿直，光明磊落，臨事果決，並主高壽。

七殺坐命宮之人：

多狹凸色紅黃白。被宮氣所生時，此部位廣而微滿；被宮氣所剋時，狹而多雜毛，色紅白。

形態特徵（古文摘錄）：

七殺——目大性急，個性暴躁，喜怒無常，作事疑恐無定，廟旺有謀略，陷地主殘疾。此星遇紫微拱照或同守可化權，加見諸吉必為大將，居閒宮會紫微可制其惡。

破軍坐命宮之人：

被宮氣所生時，微凸色多黑白。被宮氣所剋時，凹而色紅黃多雜毛。以上是主星坐命時，面相上命只有一顆星系的現象不大，再加上其他星系配合，就有許多現象出來，自己參考後就可知道，到底是哪顆星系在影響自己的個性了。

形態特徵（古文摘錄）：

破軍——身材五短，背厚眉寬，行坐腰斜，性剛不仁，寡合爭強，凶暴、狡詐、奸滑、好行驚險，動輒損人，幸災樂禍，助惡抑善，疏骨肉、仇六親，棄祖亦吉。入廟入格得諸吉主武貴，陷地會眾惡其凶更甚。此星見紫微可制凶惡。

文昌、文曲坐命宮：

文昌、文曲在臉上為痣，為宮氣剋制時就是斑痕和青春痘。若不在臉相命宮位置時呈現，就會出現在耳、胸、鼻根上。

形態特徵（古文摘錄）：

文昌——眉目清秀，聰明機巧，多學多能，博聞廣記，磊落大方，溫文儒雅，陷地平常。

文曲——聰明清秀，性情磊落，口舌伶俐，博學多能，入廟定生異痣，失陷必有斑痕。

火、鈴坐命宮：

火、鈴在臉上為毛髮乾燥色紅、牙齒不好或有虎牙現象。在臉上命宮位置則多雜毛或紋路。

形態特徵（古文摘錄）：

火星——性情猛烈，目大凶狠，心毒暴戾，剛強出眾，毛髮有異，脣齒四肢有傷。女命入廟貞潔，陷地邪淫，或刑夫剋子，或貧困勞苦，又主內狠外虛，口舌是非，不守婦道。此星東南生人及寅卯巳午年生人可得禍輕。若得吉解亦禍輕。

鈴星——相貌多異，面容破損，性情凶暴，目大心毒，性沉吟，膽大出眾。女命亦主性情剛烈，口舌犀利，悖六親，與人不睦，傷夫剋子，廟旺則禍輕。此星利東南生人。

天空、地劫坐命宮：

此部位多凹陷或高聳不勻。

形態特徵（古文摘錄）：

天空——入命身作事疏狂，不行正道，成敗多端，不能聚財，得眾吉守照禍輕而已。

地劫——作事疏狂，心性不定，乖張邪辟，不行正道，亦不能聚財，諸吉守照災輕而已。

左輔、右弼坐命宮：

為宮氣剋制時，亦多雜毛。

形態特徵（古文摘錄）：
左輔——相貌敦厚，溫良端正，個性耿直，心懷寬恕，文墨精通，風流倜儻。
右弼——性情相貌同左輔，有機謀，好施濟。

天刑坐命宮：
多生雜毛且易呈黑紅之色。
形態特徵（古文摘錄）：
天刑——守命身主人性剛無毒，單守無吉星拱照，不為僧尼定主孤尅、不夭則貧，或主六親不全。男命入廟宮遇文星貴宿及眾吉可成大業，女命單守惡地主刑尅及娼婢。

天馬坐命宮：
為宮氣生時高聳平滿利外出，為宮氣剋制時低陷易生雜毛，外出須防意外。
形態特徵（古文摘錄）：
天馬——命身逢之謂驛馬，主遷動，遇諸吉大利，會祿星尤佳，忌入空亡耗劫死絕之鄉。

祿存坐命宮：

此部位平滿光滑，色澤為黃。

形態特徵（古文摘錄）：

祿存——相貌厚重，聰明清秀，心慈耿直，性情磊落，為人厚道，富機變，多學多能。

羊刃坐命宮：

此部位易留疤痕，多傷在宮眉之間。

形態特徵（古文摘錄）：

擎羊——形貌破相，性情粗暴，剛強果決，好勇鬪狠，機謀狡詐，橫立功名，能奪君子之權；行僻孤單，視親為疏，翻恩為仇。此星西北生人宜之，四墓生人入四墓不忌。

陀羅坐命宮：

易生胎記或留疤痕，雜毛亦多。

形態特徵（古文摘錄）：

陀羅——身雄形粗而破相，賦性剛強，心行不正，有矯詐體態，氣傲，橫成橫破，飄蕩不定，不守祖業，不作本處之民，且作為反覆無常，有始無終。此星亦西北生人為福，四墓年生人安命四墓之地值之不忌。

天魁、天鉞星坐命宮：

貴人多，易有感情問題。

形態特徵（古文摘錄）：

天魁——聰明秀麗，有威儀，賢而莊嚴，聲名遠播，與人和睦。此星無陷，十二宮皆福。

天鉞——與天魁悉為天乙貴人，惟前者屬陽貴，惟前者屬陽貴，此為陰貴。

以上所例之星曜在面相上所呈現之特徵，星在命宮之體態現象，如遇不好之色澤呈現，應期多在三日至七日之內，如有雜毛應去除，保持光亮為佳，這也算是開運化妝之一種，可以降低不佳之運氣。命宮在臉上之位置如圖3-1所示，而在身體位置，則應指為腹部位置，在內臟部份則為心的部份，這也是相關的位置，讀者不妨參考。

第四節
各星曜在兄弟宮

兄弟宮在面相上為兩眉，如圖3-2所示，又象徵敵人如對手，兄弟宮出現的星曜若眾多而強，則相對的眉毛也濃，反之若有煞星坐或沖破時，眉毛多有呈現散亂的現象，或出現所謂「斷眉」。根據《麻衣神相》一書記載，眉毛的種類非常多也非常複雜，有什麼遊龍眉、劍眉、一字眉、掃帚眉、柳葉眉……等。而好的眉亦須配合好的眼，才稱為上等格局，這一點筆者非常贊同，否則有一對遊龍眉配上「鼠眼」成何體統呢？現在我們只單論眉與兄弟相關習性，希望各位不要因此誤解才好。還有一點尚要注意，看兄弟姊妹的數量，以現今二十歲以下的人，可能受節育的影響而有偏失，台灣最近的出生率是全世界倒數第一名，兄弟姊妹的數量更不準確了。

觀看兄弟宮首看日月（太陽星、太陰星）所在，日強則男多，月強則女多，次看兄弟宮之宮氣生日之氣強則必有男，反之生月之宮氣強則必有女。依此論斷，才於理有據。

紫、府坐兄弟宮：

兄弟（含姊妹）三人，受宮氣生則增加，受宮氣剋則滅少，若眉平順，兄弟宮有煞星坐或沖，恐有折損。

天機坐兄弟宮：

天機星原本就掌管兄弟宮，故天機星受宮氣生時，也主兄弟三人，受宮氣剋時則三人以下。兄弟亦多文藝方面或宗教信仰強烈之人，眉亦濃長；有吉星坐或沖時，則更添人數，眉亦俊美。反之凶星坐沖，則兄弟易折損或過房二姓。眉亦多散、斷現象。

圖3-2　兄弟宮位置圖

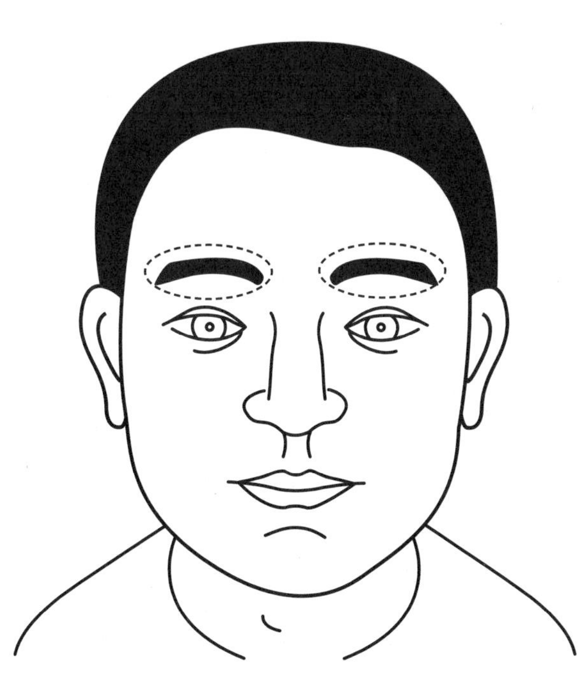

太陽星坐兄弟宮：

廟旺之地，眉多濃長；反之位於陷地，眉多疏散。若有凶煞坐破，長兄多不易扶養，須帶疾或二姓延生。

武曲星坐兄弟宮：

廟旺之地，兄弟眾多，眉多粗短。平陷受宮氣剋制時，兄弟稀少，感情不睦，若有家產必兄弟相爭。

天同坐兄弟宮：

受宮氣相生之時，兄弟二、三人，且眉秀長；受宮氣相剋時，兄弟一人甚或無兄弟，若凶煞之星坐破，縱有兄弟亦多傷。

廉貞坐兄弟宮：

宮氣相生之時，兄弟一、二，眉多奇特，不是極濃即是極淡，毛多逆亂。宮氣相剋之時，兄弟無，如有也非同宗所出。若凶煞之星坐沖，兄弟成仇，老死不相往來。

太陰坐兄弟宮：

入廟旺之地，眉多秀長可人，入平陷之地，眉多疏散，甚或禿眉。宮氣相生之時，兄弟二、三人；宮氣相剋之時，兄弟一人甚或非同宗所出。凶煞之星坐沖時，眉多斷，且女性兄弟恐有疾傷。

貪狼坐兄弟宮：

眉多寬長濃密，宮氣相生之時，兄弟眾多六、七人，若加吉星坐命時，更多八位以上。宮氣相剋之時兄弟亦有三四，若凶煞坐沖，須有二姓之兄弟，方不為傷。

巨門坐兄弟宮：

眉多生異，長而疏，短而密，斜上或垂下，若垂下之時最明顯。宮氣相生之時，兄弟二、三人，宮氣相剋之時，兄弟一、二人恐有疾傷。

天相坐兄弟宮：

眉多端正濃長。宮氣相生之時，兄弟三、四人；宮氣相剋之時，兄弟易有過房或折損之現象。

天梁坐兄弟宮：

眉多秀長，兄弟二、三人，從事文職較有利。被宮氣相生時，多有名氣。被宮氣剋制時，多不得志，有志難申。

七殺坐兄弟宮：

眉多濃粗逆亂，兄弟以武職為佳，人數極少，不然就是易有二姓過房之現象。

破軍坐兄弟宮：

兄弟一、二人。被宮氣所剋時，兄弟易淪落江湖、流連於聲色場所。本身剋宮氣時，若非極討厭投機或賭博，就是兄弟從事投機或賭博事業。

文昌、文曲坐兄弟宮：

在兄弟宮時，眉及眉附近易生痣，兄弟能有助力，受宮氣剋制時，兄弟多巧藝之人。化忌加凶煞，防兄弟溺水。

火星、鈴星坐兄弟宮：

多主兄弟個性剛烈，毛髮多有易於常人之處，有虎牙時無妨。受宮氣剋制反為吉祥。

天空、地劫坐兄弟宮：

主兄弟有從道或修練之人，如無兄弟姊妹時，自身為虔誠之宗教徒。

左輔、右弼坐兄弟宮：

兄弟能有助力，如為宮氣所剋制時，兄弟之中多有庶出之人。

天馬星坐兄弟宮：

兄弟分離反為吉祥。

祿存星坐兄弟宮：

凡弟之中必有富裕之人。單守兄弟宮時，乃為吝嗇、小器之人。

羊刃、陀羅坐兄弟宮：

此二星坐兄弟宮，兄弟多災難是非，乃易有折損現象或帶疾延生，眉有斷之現象，本身四肢亦須防傷。

天魁、天鉞坐兄弟宮：

此雖為貴星，仍須宮氣來生方能奏效，否則只有精神上的助益，無實際之幫助。

以上兄弟宮之現象解釋到此，因為任何星曜只要碰在一起都會產生一些變化，星曜組合變化要多練習，才能體會其中變化之理，所以無法一一敘盡，各位只要按本書單星之特性增減，必可將準確度大為提高。

第五節
各星曜在夫妻宮

夫妻宮在面相如圖3-3所示，在面相上的位置就是眼角之上，眉尾之下，上眼皮之外，太陽穴之內。所佔位置雖然不太大，但影響人的後天環境、個性卻非常大。此宮位有疤痕者多主夫妻不和，有二婚或離居之現象，宜晚婚。有痣者，多易犯七年之癢。

茲將星系之特徵列下：

紫微星坐夫妻宮：

夫妻多為個人主義，如遇左輔、右弼星同宮時，反為二度之象。如果你的夫妻宮是紫微星的話，不管與任何星系同宮，你都要遷就對方或多溝通相互了解，否則是非日起。

天機星坐夫妻宮：

天機星坐夫妻宮，夫妻皆宜年長自己多歲，或對方為長男、長女方可免去是非之爭，對象為宗教虔誠者更佳，若入公職乃為上等，平安相守。被宮氣所剋時，夫妻宜分房。本身剋宮氣時，夫妻精神上須求大於物質之需求，務須相讓，不可魯莽。

太陽星坐夫妻宮：

太陽星坐夫妻宮，女命為正坐，男命恐晚婚較吉。太陽須廟旺為吉（寅宮至未宮），女人易得賢夫，若為宮氣剋制

圖3-3　夫妻宮位置圖

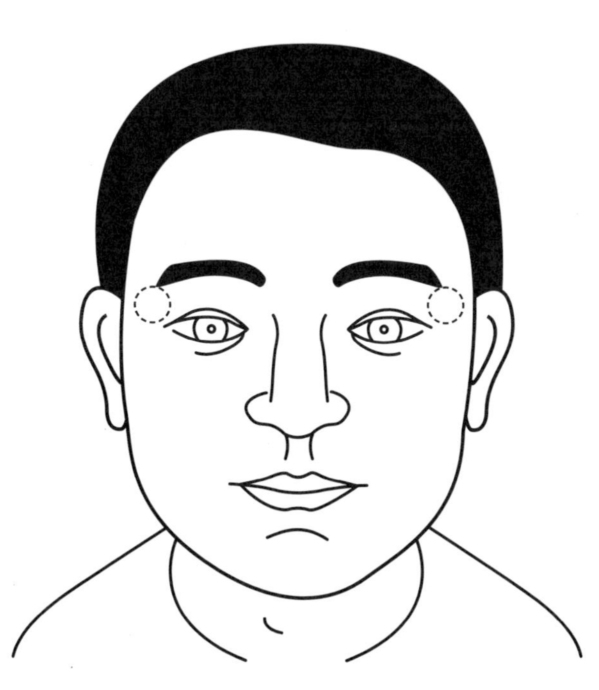

時，夫不宜長男較吉，且易有目疾之傷或深度近視。男人易得貌善性烈之妻，個性較男人化，妻宜年長或為長女。總之太陽入夫妻宮利女命不利男命，男性須防同性之戀情或有同性戀之傾向。

武曲星坐夫妻宮：

武曲星坐夫妻宮，配偶多為性剛急躁之人，宮氣自化忌時，多為無神論者。另一半以從事軍警、護理、大宗批發買賣為佳。年紀及輩份以小於自身為吉，否則是非日起。

天同星坐夫妻宮：

天同星入夫妻宮宮，天同為福氣之星，開創力不足，個性溫和，夫妻相處有如同朋友。一般而言天同星在夫妻宮容易有一段刻苦銘心的愛。宮氣相生時，多有夫妻的助力。宮氣相剋時，易有難忘的感情。本身生宮氣易有感情困擾。本身剋宮氣時，配偶為主見之人，凡是隨緣。

廉貞星坐夫妻宮：

廉貞有桃花之特性，宮氣剋宮氣時，多能收斂桃花之特性，本身剋宮氣時桃花風流特性則明顯。當此星入夫妻宮時，本身對感情及婚姻多存幻想之現象，配偶貌美則易生疑心，配偶若稍醜陋，則易生婚外之感情。此星入夫妻，男女雙方感情須經長跑方可定奪，否則考驗日後之感情，男女都以晚婚為吉。

天府星坐夫妻宮：

天府入夫妻宮，則有慈善特性，反易成為暴躁或霸道，非聽他不可，但若宮氣來生時，慈善特性與霸道二者特性較能融合，男女會因對方之助，擁有許多財富，若加上祿存星，更是美不可言。如被宮氣所剋制，最好須學會忍讓對方，亦是晚婚較吉。

太陰星坐夫妻宮：

太陰星乃男性的妻星，入夫妻宮在廟旺之地（酉到丑宮）男性娶賢妻，可因妻助力成就財富；女性也可配賢夫，但夫之年紀或輩份宜小不宜大，個性上也會比較柔弱扭捏，女性須防同性之戀情或是有同戀之傾向。太陰落陷時，配偶較易有癖好如潔癖、收集癖、精神上潔癖……等。同時花酒之特性也易呈現明顯，男女會有極羅曼蒂克思想出現，最好能晚婚，否則多會有離異的事情發生。

貪狼星坐夫妻宮：

貪狼星是顆慾望極強烈之星，佔有慾特強，化忌加上宮氣相生時，更增其威力。男女貪狼星入夫妻宮，配偶多與自己性向不合，宜忍讓其缺點，女性恐有偏房之現象，晚婚可免。貪狼的慾望是實質上的，如果能引導為正途，其功效也是很大的。

巨門星坐夫妻宮：

巨門乃口舌是非之星，入夫妻宮男女皆不宜，晚婚為宜。巨門在此宮位，猜忌之心極強，

配偶也多為強人姿態，不妨學學姜子牙，以忍為佳。巨門入夫妻配偶年紀，男女都宜大自己很多，可減少口舌是非，化權時威力特別顯明。被宮氣所剋制時，三天一吵、五天一鬧乃是正常現象。巨門化忌時，有二種現象易產生，一、配偶容易出口傷人，置己身顏面不顧。二、配偶反鬧為極靜，不喜歡說話。

天相星坐夫妻宮：

天相乃方正剛直之星，入夫妻宮時，夫妻有如朋友，此乃相敬如賓，但感情多不易表達，配偶也多出身官宦世家，或是同學、同事、鄰居等居多。若有凶煞坐破，也多能婚姻美滿。

天梁星坐夫妻宮：

天梁乃清高之星，不宜入夫妻之宮位，清高的另一個代名詞就是「孤獨」，所以入夫妻宮，男女都宜晚婚或年紀輩份大自己很多，才會相安無事。正因天梁星特質有清高之象，配偶多為自尊心極為強烈之人，言談之間須拿捏得當，否則冷戰不免。被宮氣所剋時，配偶多會以長者口氣訓示自己；本身剋宮氣時，或可增加一些情趣，但以智識性、學術性為主。

七殺星坐夫妻宮：

七殺乃殺性極強之星，入夫妻宮，配偶宜為武職或是從事重工業工作為佳，個性粗中帶細；如非武職或重工業工服務，那最適合晚婚，如果早婚容易產生相敬如「兵」的現象，男性多娶倔強之妻，女性多嫁暴戾大男人主義之夫。被宮氣所剋時，多有重婚之象；本身剋宮氣，武職為官。

破軍星坐夫妻宮：

破軍乃損耗、波動之星，入夫妻宮時，先天婚姻，男女都屬於不吉的現象。配偶多有生離之現象，或易產生畸型的戀情，或是分手再結合。要解此星之不吉現象，男女除了晚婚之外，配偶年紀皆宜長，否則更顯波動。被宮氣所剋制時，男女都有重婚之現象。本身剋宮氣時，夫妻之間要相互禮讓方可無咎。

文昌、文曲星坐夫妻宮：

入夫妻，主配偶學識佳或外貌清秀，名聲佳，有氣質。

火、鈴星坐夫妻宮：

入夫妻，主配偶個性燥烈，多有牙疾或虎牙、華人則為捲髮或毛髮較粗的現象。

天空、地劫星坐夫妻宮：

入夫妻，主配偶思想奇特，好的說法是有豐富想像力、創造力強，壞的說法是易患幻想症，不切實際的。

左輔、右弼星坐夫妻宮：

入夫妻，主重婚之象，或有兩段感情之現象，但仍多助力。

天馬星坐夫妻宮：

主夫妻聚少離多、旅遊之象，或腳疾。

祿存星坐夫妻宮：

入夫妻，主能因配偶而獲名利，則不易表達情感出來。

羊刃、陀羅星坐夫妻宮：

入夫妻，主刑傷，配偶多災，感情易生變，通常要結婚都須經一番波折。

天魁、天鉞坐夫妻宮：

入夫妻宮，主配偶多助力。

因夫妻宮在臉相所佔位置不大，所以特徵不顯明，但有疤痕及斑病者，多主夫妻離異感情惡劣，甚有一段傷心之戀情。

第六節

各星曜在子女宮

中國人有一個觀念：不孝有三，無後為大。直到現在，老一輩的或多或少都仍存在著此種觀念；過去倡導節育成功及現代生活富裕，教育延長學歷提高，使得適婚年齡一直延到三十多歲以後才結婚，加上網路發達，造成不少的宅男、宅女，在去年二〇〇九年台灣生育率是全世界倒數第一。

終究人到了一個年紀以後，都會希望能有自己的骨肉來承繼自身的優點，做自己無法達成的事業，故子女宮對中國人來說，無疑的將成為自己生命的第二要素了。子女的成就？對自己是否能孝順？相信這個問題男女老少都會有興趣的。而子女宮位置在面相哪裡呢？如圖3-4所示，在兩眼下方及人中部份。

紫微星坐子女宮：

紫微入子女宮，數量為二，因為紫微易受感染或體質比較差之影響，所以男女皆有可能，若被宮氣所剋時，面相此部位多青黑色，子女不易養，多腸胃之疾。若本身剋宮氣時，此部位多呈紅青之色，子女注意泌尿之疾。

天機星坐子女宮：

天機星乃慈善之星，入子女宮時，此部位顏色正常，人中深長，子女之數為二，被宮氣所剋時，此部位顏色正常，人中深長，子女之數為二人。

圖3-4　子女宮位置圖

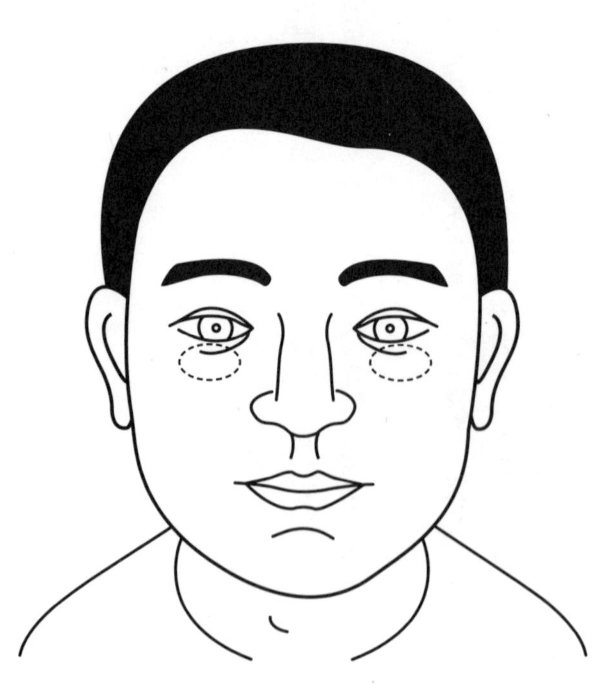

若被宮氣所剋時，此部位易呈白色，子女多腦神經衰弱，個性溫和。若本身剋宮氣時，此部位多為黃白色，子女多性急，年幼時不易親自養或由他人撫養。

太陽星坐子女宮：

太陽入子女宮在廟旺之地，不化忌或凶煞坐或沖破則利得貴子，此部位飽滿，色澤光潤，子女以男居多，太陽落陷，化忌或被宮氣所剋制時，多不易有子，縱使有子，緣份淡薄，聚少離多，本身和子女須防心臟或眼睛之疾。

武曲星坐子女宮：

武曲星入子女宮，子女大多身高矮小，脾氣暴躁，宮氣相生時，數量為三人左右，子女有所成就。被宮氣所剋時，子女數量為一人，不易養，顏色多暗紅色。本身生宮氣時，子女數量為二人，適合經商，從事武職或業務工作等，此部位顏色光潤。本身剋宮氣時，子女數目為二人，有極強烈的宗教信仰，此部位平滿。

天同星坐子女宮：

天同星入子女宮，天同乃福德之星，多因子女的誕生後環境有所改善，子女數量通常差異極大，宮氣來生星曜本身時，數量多，此部位光潤飽滿。被宮氣所剋時，此部位青黑色，數量不多，且有折損流失之現象。本身生宮氣時，多有領養子女現象。本身剋宮氣時，須防縱慾過

度，此部位易呈暗現象。

廉貞星坐子女宮：

廉貞入子女宮，多有縱慾過度現象，子女的生育多無計畫現象，宮氣來星曜本身生時，性慾過強，須節制，此部位呈紅黑色，子女數目也多，宮氣來剋星曜本身時，須防泌尿系統之疾，子女數目不多，此部位色澤灰暗。本身剋宮氣時，易在外打野食，子女數量也多，此部位飽滿，本身生宮氣時，子女數量不多，性慾異常，此部位平平為陷。

天府星坐子女宮：

天府入子女宮，數量為二人，因為體質比較差之影響，所以男女皆有可能，若被宮氣所剋時，面相此部位多青黑色，子女不易養，多腸胃之疾。若本身剋宮氣時，此部位多呈紅青之色，子女注意泌尿之疾。

太陰星坐子女宮：

太陰星入子女宮，廟旺之地時，多生才藝之女，女多於男，此部位色澤光潤，人中也長。位於落陷之地時，生女時不易養，狀況多，多為眼或腎之疾，甚而全無子女，宜多積陰德，此部位易呈灰暗色。宮氣來星曜生時，子女多而能有助。

貪狼星坐子女宮：

貪狼星入子女宮，多有縱慾過度現象，子女的生產多無計畫，宮氣來生時，性慾過強須節制，此部位呈紅黑色，子女數量也多，宮氣來剋時，須防泌尿之疾，子女數量不多，此部位色澤灰暗。本身剋宮氣時易在外打野食，子女數量也多，此部位飽滿，本身生宮氣時，子女數量不多，性慾異常，此部位平而為陷。

巨門星坐子女宮：

巨門星入子女宮，子女個性通常好爭是非，逞口舌之快，與子女之間有強烈代溝，若被宮氣所剋時，子女數量有二人，可制約子女的頂撞，但通常敢怒不言，此部位呈暗色。本身剋宮氣時，子女數量極少，且多有不孝之子女。宮氣相生時，此部位色澤光潤，子女口才也佳，多有成就。本身生宮氣時，子女反不善言談，宜多加開導，且容易患憂鬱症或是自閉症。

天相星坐子女宮：

天相星入子女宮，子女多正直之人，本身性慾強，也多能控制，子女數量二人，此部位色澤為黃白色。被宮氣所生，子女能有出息，但腦筋較不靈活，思想較端正。被宮氣所剋時，性慾通常遭受某種因素無法盡情發揮。本身生宮氣時，性慾通常異於常人，子女也能有所出息，此部平滿暗紅色。本身剋宮氣時，多為慾望淡泊之人，子女數量不多，亦多有所成。

天梁星坐子女宮：

天梁星入子女宮，子女多有老大作風，少年老成，子女數量不多，但多能成材，有孝順之子女，天梁為清高之星，故性慾也較淡泊。被宮氣所剋制時，子女一人，但能成材。本身剋宮氣時，宜認養子女後，方可得子女。宮氣相生之時，子女三人，從事文職為佳，個個孝順。本身生宮氣時，子女二人，惟有一子女須離鄉方可成材。天梁在面相此部位，多飽滿光潤，人中深長。

七殺星坐子女宮：

七殺入子女，子女多有過繼或折損現象。子女個性剛烈，喜舞刀弄槍，須從小導引興趣，否則易惹禍。七殺在此部位表徵為起伏過大，故不論。被宮氣剋制時，能抑其凶性。被宮氣相生時，如若凶煞之星坐或沖破時，本身泌尿系統、生殖器官易損傷。本身剋宮氣時，性慾易發，宜節制。本身生宮氣時，平順得體。七殺星入子女宮通常人中平滿。

破軍星坐子女宮：

破軍入子女宮，破軍乃子女宮之宮主，入子女其缺點反而減小，子女多靈巧投機之人。子女數量可多可少，算是吉星。不論其本身與宮氣之間生剋，都可算子女有出息，但賭性或投機性仍不免。

文昌、文曲星坐子女宮：

文昌、文曲入子女，子女多清秀機巧，化忌與破軍同宮，童限易有水厄。

火、鈴星坐子女宮：

火、鈴入子女，子女多毛髮生異，且牙疾或虎牙，皮膚防火傷。

地劫、天空星坐子女宮：

子女不易扶養，但有出世向道之心。

左輔、右弼星坐子女宮：

子女宮最喜此二星，子女對本身助益極大，常有逢凶化吉之能力。

天馬星坐子女宮：

子女不適合自己帶大，如自己所帶，須防嚴重的代溝出現。

祿存星坐子女宮：

因有子女而家境改善生活，可以說是帶財，可算福星。

羊刃、陀羅坐子女宮：

子女恐有折損或帶疾延生之人。

天魁、天鉞星坐子女宮：

此乃貴星，並不一定有財，但可因有子女後，而受貴人提拔。

第七節

各星曜在財帛宮

財帛乃是人養命的源頭，雖然錢不是萬能，但是沒有錢卻是萬萬不能，談到財帛大家一定眼睛馬上放亮，因無財就等於無「命」，此「命」非生命，乃面子的代名詞是也。在這個笑貧不笑娼的時代裡，的確也是件悲哀的事實，古人說的好：「貧賤夫妻百世哀。」自古以來若非還有「麵包」的限制，那筆者敢保證，不愛江山愛美人的事情將層出不窮了。

財帛在《痲衣神相》一書中，所指的部位就是雙眼和鼻頭，千萬不要搞錯了，如圖3-5所示面相位置。

紫微星坐財帛宮：

紫微星入財帛，乃先天豐盛富有現象，但須參照事業宮方可論之，如財帛宮雖強，事業宮弱，縱使有財，亦是以繼承或非自身賺取之財，不可言吉。紫微被宮氣所剋時，財來財去不存

積，且有寅吃卯糧現象。本身剋宮氣時，賺錢辛苦，錙銖必較。為宮氣所生星曜時，而又有左輔、右弼或祿存同宮時，財富必盛。本身生宮氣時，白手起家，祖業無用。

天機星坐財帛宮：

天機星不喜財富而好名，名聲大於財富，亦為宗教之星，以公職、文教、企劃、動腦筋等之行業最適合。天機星有施捨之現象，與祿存同宮，反而吝嗇，一毛不拔，小器。宮氣相生時，得清閒較固定之財。宮氣相剋時，得財艱辛，

圖3-5　財帛宮位置圖

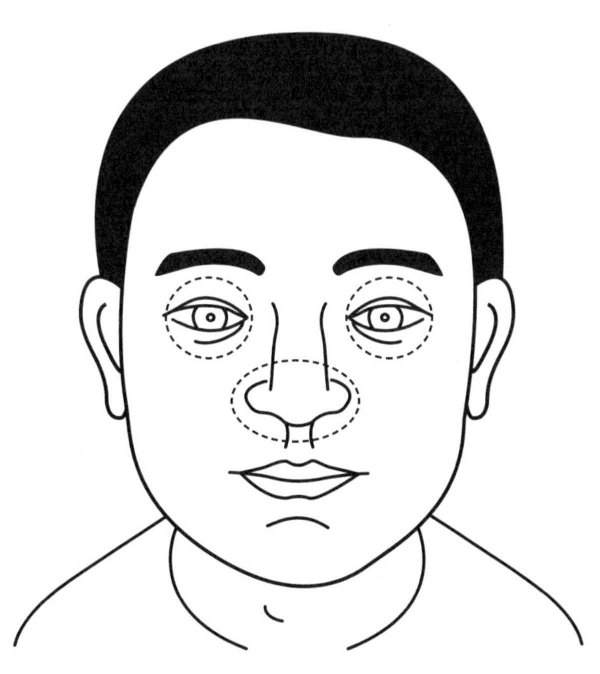

且須絞盡腦汁或為財而奔波勞碌，也屬於不固定之財。本身生宮氣時，施捨方可得財，即是先施而後得。本身剋宮氣時，財不易進，因財煩惱。

太陽星坐財帛宮：

太陽坐於廟旺之地（在寅至申宮時），財富耀人。坐於陷地，須於夜間得財，現在的貿易或是國外有時差之工作。太陽本為財星，故其生於財位，只要宮氣來生時，又吉星同宮，財富多不可言。宮氣來剋時，多為他人作嫁或打天下。本身生宮氣時，為慈善家，或社會福利機構。本身剋宮氣時，不可從事金屬行業，財亦不易守。

武曲星坐財帛宮：

武曲星乃田宅之主，入財帛宮，可從事不動產、房產而致富。宮氣相生時，則有偏財或正財都是，財運佳。宮氣相剋時，要能守成，理財要保守。本身生宮氣時，多具有開源之能力。本身剋宮氣時，可當個小老闆。當武曲化忌或財帛宮干自化忌時，不可投資不動產，否則後果不堪設想，損失慘重。

天同星坐財帛宮：

天同星入財帛，雖有福氣，偏財之現象，但開創能力不足，有得之祖業或他人之象。女性天同化忌入財帛時，須防花酒進財。宮氣相生時，可承祖產或家族產業。宮氣相剋時，縱使無財也不煩惱。本身生宮氣時，吃利息過日子，生活較無憂。本身剋宮氣時，反因財引禍多糾紛或煩惱之事。

廉貞星坐財帛宮：

廉貞星入財帛，多帶異性之財。若從正業可為林業、木製加工、農業方面或電器之財大吉，從事養殖進財亦佳。宮氣相生時，財富起落變化甚快，吉多於凶。宮氣剋星曜本身或自化忌時，多為酒色之財。本身生宮氣以從事正業為佳。本身剋宮氣時，財進財出，財源不穩定，寅吃卯糧。

天府星坐財帛宮：

天府星入財帛比紫微星強多了，天府星不論受宮氣生剋制化影響，財源都不缺，可以自營，理財方式大多是保有現金為主。

太陰星坐財帛宮：

太陰星生於廟旺之地（申宮到寅宮），財富可人，多為掌握錢財之人，財務之運用極佳，對於投資理財有獨到見解。太陰坐於陷地時，財源不順，女命有風塵現象，男命亦然，都適合夜間之行業。宮氣相生時，財富驚人。宮氣相剋時，財富也不虞匱乏，只是早年須辛勞。星曜本身生宮氣時，財來財去，宜置產保值。本身剋宮氣時，財務之起伏甚大。

貪狼星坐財帛宮：

貪狼星乃慾望之星，貪狼入財帛時，最適合經商，但因慾望過強，無所不賺，有賺錢機會不會放過，故容易犯法，須注意。宮氣相生時，可經營二種以上事業，宮氣剋制時，可自營小生意，本身生宮氣時，適合自由業，財帛進出不穩定。本身剋宮氣又會凶煞之星，進不義之財，易犯法或走偏門。

巨門星坐財帛宮：

巨門星入財帛宮，宜以從事與口舌相關之行業如記者、主持人、評論家、飲食店、旅遊業、教師或與人際溝通等。巨門星入財帛還有一個現象，就是引起口舌是非，講話易有誇大其詞。宮氣相生時，財富眾多。宮氣相剋時因財惹出是非糾紛。本身生宮氣時以口為業（如上所述）。本身剋宮氣時，取財勞累不耐久。

天相星坐財帛宮：

天相星入財帛，財富可人，逢小人陷害也不足為懼。天相缺點就是喜擔保，好出風頭，如果凶煞會聚，則會被人倒債。若宮氣相生時，可從事公職。宮氣相剋時，以從事自由業為佳。本身剋宮氣以美容為職可進財。本身生宮氣時，吃利息為生。

天梁星坐財帛宮：

天梁星與天機相同，不喜財來沾身，反而因進財而困擾，宮氣相生時，得清閒較固定之財。宮氣相剋時，得財艱辛，且須絞盡腦汁而得財，也屬於不固定之財。本身生宮氣時，施捨方可得財。本身剋宮氣時，財不易進，因財煩惱。

七殺星坐財帛宮：

七殺星入財帛，乃橫發橫破，不喜細水長流之財，以武職軍警、護士、五金或重工業、重機械之財為主。宮氣剋制時，偏財極強，橫發後要能守成。本身生宮氣乃黑道之財。本身生宮氣時，寅吃卯糧，武職或重工業、重機械則無傷。

破軍星坐財帛宮：

破軍星乃賭星，投機之星曜，若進投機投資之財，財來財去，如要守財，必須置產保值，因為進進出出之財，強烈快速，極不易把握，不論宮氣生剋與否，想要得財，還是按部就班，以免失望極大。

文昌、文曲星坐財帛宮：

從事文職之財，化忌則不宜文書易出差錯。

火、鈴星坐財帛宮：

會貪狼星可成，橫發亦橫敗，一般稱「火貪」、「鈴貪」，財帛起伏甚大。

地劫、天空星坐財帛宮：

錢財不易留存。

左輔、右弼星坐財帛宮：

可得貴人之助，財帛豐厚。

天馬坐財帛宮：

遠行利，出外得財，取財辛勞不免。

祿存坐財帛宮：

單坐財帛乃守財奴，此星具有堆金聚財之功效。

羊刃、陀羅坐財帛宮：

橫發橫破，凶大於吉。

天魁、天鉞星坐財帛宮：

得貴人扶助得財。

第八節

各星曜在疾厄宮

「健康就是財富」這是人盡皆知的道理，而斗數中疾危宮即是代表人的健康狀況，包括遺傳、飲食習慣、身體狀況、意外傷害……等。如圖3-6所示，疾厄在面相之位置，為什麼疾厄會在這些部位呢？耳朵乃先天含幼年期的健康，如果耳朵有彈性，色澤粉白，那麼

圖3-6　疾厄宮位置圖

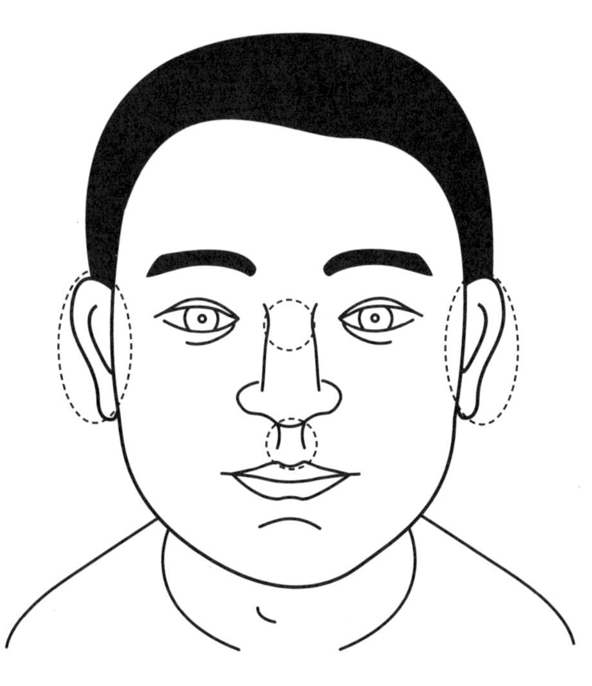

縱使有凶險，也多能得貴，逢凶化吉，所以耳朵也代表福德。

那鼻子中央的部位呢？在面相來說稱為「年上」、「壽上」，指年壽一定跟身體好壞有重大關連，此部位乃後天疾厄之所在，不妨看看左右鄰舍，有哪位先生、夫人此部位塌陷而又得以長壽者呢？但此部位可靠後天培養而有所改變。一般而言由內心開始，有正面的人生觀，多積德行善。人中也看疾厄，人中長代表福份厚，長與深都是健康的表徵。當然其餘部位諸如眼、口等都可看出身體之疾，但以《痲衣神相》來說，泛指這幾個部位而已。

至於紫微、天府星系等與部位影響，請參考「星病考論」。根據醫學統計，人類耳朵、鼻子、人中（還有如下巴、睪丸，因不在此討論，故不論）。會隨著年齡增加而變大或變長，這點就可印證，古人所言不虛了。如果你已經年屆不惑或知命之年，而這三者（耳朵、鼻子、人中）還是保持短淺之態時，那就請注意閣下身體健康狀況，如幸而遇耳順之年，相信也必疾病纏身。看過許多年長者，因能持續運動，而使鼻子增高或變長（肺活量之保持），或脾氣收斂，溫如慈善（人中長而深），或廣積陰德（耳朵變大，色澤光潤）而延年者，大有人在。

筆者經驗瘦人多咳，胖人多痰。瘦而白多貧血、泌尿之疾。瘦而青多肺、肝之傷。瘦而紅多心、目之疾。瘦而黃多脾胃之疾。瘦而黑多骨、腎之疾。此論在男女皆適宜。胖而白多肺、筋骨之疾。胖而青多腦，目之疾。胖而紅多心目、泌尿之疾。胖而黃多腸、膽之疾。胖而黑多腫脹之疾。男女皆以論。

所以我們可歸納以下幾點：不論男女胖瘦，色屬青者多驚慌、且易操勞過度，故肝、腦易傷，凡事不一定事必躬親，才不致疲勞過度。

色屬白者多有孝服、凶險，且皮膚易生病變，故心、腎之疾須防。多做運動，可保健康。

色屬紅者多暴躁性急之人，由肝火觸及心目、腦疾，故須修養己身，以保平安。

色屬黃者多緩中帶急之人，故急緩之間調適不當，故多腸胃之疾。須行中庸不緩不急，方可和順。

色屬黑者多心機深沉之人，好疑易貪，故腸、腎、泌尿之疾多矣。須放開胸懷，否易流於憂悶暗傷。

總而言之，氣色仍須配合四季，春天帶些青，夏天略紅、秋天白潤，冬天微黑，四季行中皆有黃，那此人必長壽無疑。疾厄論斷不可下生面之言，筆者記得，有人稍微學習了點相學，看到有人眼眶發黑，就斷人縱慾過度，這真是笑話一則。不僅傷了人，也斷了自己的友誼，這不是划不來嗎？所以請各位仔細端詳，是否先天有遺傳或其它因素再下斷言也不遲。

星病考論

紫微斗數之博大且深不可測，其中又以論斷疾病最為神準，斷疾厄之病症多參考中醫之醫理及星曜宮氣配合，唯一缺憾乃筆者不會醫病，對中醫了解不多，望請先進前輩多指導。從斗數中可看出先天最差器官部位，及求醫方位和流年、月、日身體應注意的疾傷，倒是可供參考，特把心得部份分享各位讀者，在疾病預防上能夠多一點的事前防範，現今社會多提倡養生之道，以紫微斗數星曜分析體質差異，提供預防疾病及養生參考，提高我們的生活品質。

紫微星坐疾厄宮：

胃腸，被宮氣所剋時為腹脹，本身剋宮氣時為腎氣不足，易夜尿。

天機星坐疾厄宮：

腦神經，被宮氣所剋時為神經衰弱，偏頭痛，本身剋宮氣時為肝火過旺。

太陽星坐疾厄宮：

心臟、眼睛，落陷有目疾，被宮氣剋時為貧血，本身剋宮氣為血濃。

武曲星坐疾厄宮

肺、呼吸道，筋骨。被宮氣剋時多咳多痰，本身剋宮氣時多筋骨痠痛，靜脈瘤。

天同星坐疾厄宮：

腎、膀胱、子宮。被宮氣剋時為胃、腎之疾。本身剋宮氣時為膀胱、子宮、耳疾。

廉貞星坐疾厄宮：

腎、性病、頭昏眼花。被宮氣所剋時多貧血，頭昏眼花。本身剋宮氣，防腎、性病。

天府星坐疾厄宮：

腸，被宮氣所剋多肝火，易有口臭。本身剋宮氣時腸之蠕動不正常易便秘或腹瀉。

太陰星坐疾厄宮：

泌尿、眼睛、婦女病、被宮氣所剋時多眼疾，眼眶易黑。本身剋宮氣時，泌尿之疾，女性小心婦人病，男性氣虛。

貪狼星坐疾厄宮：

肝、膽，外物重壓之災、電擊。被宮氣所剋時肝、膽多病。本身剋宮氣且自化忌又逢羊刃、陀羅同宮，注意電擊或巨物重壓之災。

巨門星坐疾厄宮：

口腔、食道、喉。被宮氣所剋時，牙、喉多災傷，易患頸瘤。本身剋宮氣，食道，聲音多破敗。巨門是顆很奇特之星，匯集聒噪與瘖啞之特性，喜弄是非。

天相星坐疾厄宮：

血液、脊髓、心不整。被宮氣所剋時，血氣不順；本身剋宮氣，脊髓之疾。

天梁星坐疾厄宮：

胃，天梁坐疾厄，凶險驚嚇不免，但可逢凶化吉。

七殺星坐疾厄宮：

肺、四肢筋骨、火傷。被宮氣所剋時多肺癆；本身剋宮氣時，四肢筋骨傷害，遇羊陀、火鈴防火傷。

破軍星坐疾厄宮：

水腫、車禍。被宮氣所剋，會羊刃、陀羅逢之，行車小心。

左輔星坐疾厄宮：

主左半肢身體，左手、腳、五官、內臟、疾病為腹空或過飽。

右弼星坐疾厄宮：

主右半肢身體，右手、腳、五官、內，疾病為腎虛或遺精。

文昌星坐疾厄宮：

支氣管，腦神經。化忌主水厄。

文曲星坐疾厄宮：

腎虛，痣。化忌主水厄。

天魁星坐疾厄宮：

頭部躁熱。

天鉞星坐疾厄宮：

下肢濕寒。

天空星坐疾厄宮：

鼻血。

地劫星坐疾厄宮：

腳部抽筋。

火星坐疾厄宮：

火傷，牙疼，發高燒。

鈴星坐疾厄宮：

內臟燥熱，牙周病。

祿存星坐疾厄宮：

主胃，腸。

羊刃星坐疾厄宮：

刀光血災、膿瘡、癌。

陀羅星坐疾厄宮：

皮膚、癌。

天馬星坐疾厄宮：

婦人病、腳疾、遺精。

龍池、鳳閣坐疾厄宮：

主耳疾。

紅鸞、天喜坐疾厄宮：

主傷寒。

當然以上所列之星，尚有許多疾病未寫入，但常人之疾已含括，至於現今流行的疾病，因筆者無統計資料，只能以紫微斗數之理論推測來論，一般而言，大多有羊刃、陀羅入疾厄才是。疾厄可分先天疾厄，大運疾厄、流年疾厄、流月疾厄，流日疾厄、流時疾厄，先天疾厄就是本命疾厄，也是一種遺傳學，即是先天性的疾病，疾厄宮的對宮就是父母宮原因在此，先天疾厄可算出本身及父母較弱之器官。大運十年疾厄可算出此十年之疾傷，流年、流月、流日、流時同樣亦然可以推論的。所以最後希望各位讀者要能活用疾厄宮看法，找出根源，多做預防，必可延年，提高生活品質，也祝各位身體健康，時時愉快，萬事順意。

第九節

各星曜在遷移宮

蘇東坡詩中有這麼一首：「人生到處知何似，應似飛鴻踏雪泥，泥上偶爾留指爪，鴻飛那復計東西。」你、我皆是生命旅程中，匆匆一行的過客，適合在本身家鄉發展？或是離鄉背井方有所成呢？出國運勢如何？在外競力如何？都可從遷移宮的吉凶來推測出其運作，故遷移宮設於命宮的對宮，用意在此。當命宮無主星時，對宮的遷移就更顯其重要性了，遷移宮面相如圖3-7所示。我們現在來看其遷移宮之現象：

紫微星坐遷移宮：

紫微星入遷移宮，出外比在家鄉有發展，因紫微易受影響，近朱者赤，所以容易產生出外有困擾的現象，容易流於物質的引誘而不自拔；唯有紫微化權的時侯才較有自制能力。如果紫微運勢強的時侯，才較有自制能力。如果紫微運勢強時，面相此部位豐滿光澤，遠行必大利；

反之此部位灰暗、蒼白時，請勿遠行。宮氣相生時，出外貴人助，名利雙收；紫微星單坐時反論之。宮氣相剋時，出外多不得志，易受誘惑沈迷。本身剋宮氣時，出外多孤獨，有左輔、右弼時可減此現象。本身星曜生宮氣時，出外反而多助。

天機星坐遷移宮：

天機星又為第二匹天馬，故天機坐於遷移宮時，出外運極強（出國運），在家反而住不慣，出外多能得助，越是奔動，越顯其名聲。宮氣相生之時，外出大吉，有奇遇。宮氣相剋時，出外

圖3-7　遷移宮位置圖

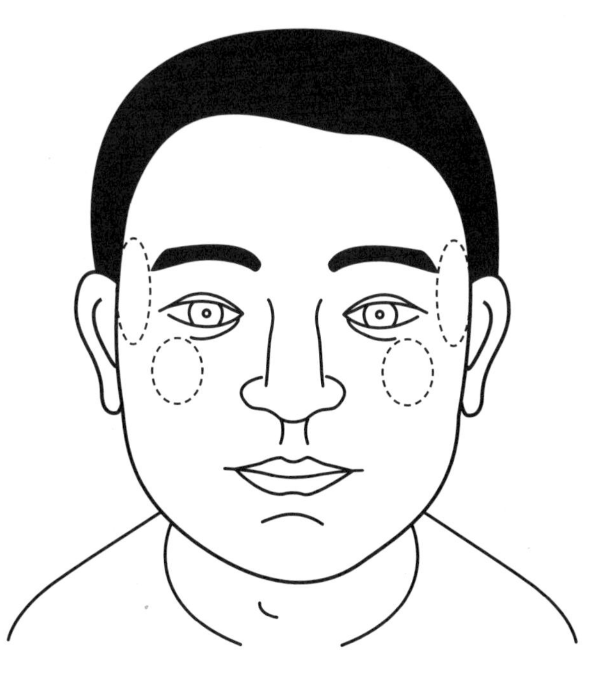

勿太勞累，腦神經、肝想有疾。本身生宮氣，亦是適合遠行，比較無頭緒的忙碌。本身剋宮氣時，外出多易迷路，出外也吉。天機化忌或自化忌時，乘坐交通工具須小心，儘量少遠行。

太陽星坐遷移宮：

太陽星坐於廟旺之地時，出外多得男性長輩助力，日間行走，名利大收。太陽落於陷地時，出外反遭排擠，適合夜間行走，可免是非，太陽坐遷移宮，出外也多能有助於他人。宮氣相生之時，聲名遠播。宮氣相剋時，名氣雖有，壞多於好。本身剋宮氣時，出外多有長者風範，能助他人成事。本身生宮氣時，多為造福他人，而回報甚少。

武曲星坐遷移宮：

武曲星入遷移，出外易與廟宇、宗教、建築結緣，唯出外脾氣須收斂，恐較為狂放不羈，我行我素，易傷和氣。宮氣相生時，外出住宅沒問題。宮氣相剋時，多有不遂之事，凡事忍讓。本身剋宮氣時，處世須平和，勿爭強鬥狠。本身生宮氣時，出外甚吉。

天同星坐遷移宮：

天同星入遷移，出外能力較差，懶的出外行走，但出外易得人緣。天同化忌或自化忌時，多易接近聲色場所，無法控制。宮氣相生時，宜多外出，可有奇緣。宮氣相剋時，居家反吉。本身剋宮氣時，出外異性多助力。

廉貞星坐遷移宮：

廉貞星入遷移宮時，因其本身為桃花星，出外須自我剋制，否則異性必聞香而至，桃色沾滿身。宮氣相生時，異性必多相隨在側。宮氣相剋時，較能收斂，桃花難免。本身生宮氣時，多能化桃花為助力，多積陰德。本身剋宮氣時，出外多遭異性排斥。

天府星坐遷移宮：

天府入遷移，其特性與紫微接近，但比紫微星更適合外出。宮氣相生時，出外貴人助，名利雙收。宮氣相剋時，出外多不得志，易受誘惑沉迷。本身剋宮氣時，出外多孤獨現象。本身星曜生宮氣時，出外反而多助。

太陰星坐遷移宮：

太陰星入遷移坐於廟旺之地，出外多得女性貴人幫助，衣食無缺。坐於陷地時，出外勞心傷神，花酒難免。宮氣相生時，出外大吉利，夜間行走舒暢易有奇遇，男性多得男性緣。宮氣相剋時，花酒場所須防易生桃花。本身剋宮氣時，多與女性貴人發生感情。本身生宮氣時，出外吉利。

貪狼星坐遷移宮：

貪狼星入遷移，極喜外出，居家不宜。且貪狼之桃花，通常都屬於逢場作戲之偏桃花，所

以貪狼入遷移之人，通常都命帶桃花。宮氣相生時，雖利外出，宜節制己身，不可玩火，易生問題。宮氣相剋時，外出防感情困擾。本身生宮氣時，桃花特性減弱，須注意禮節。本身剋宮氣時，桃花多矣，不過太上感應篇：「禍福無門，惟人自召」，端看你怎麼做了。

巨門星坐遷移宮：

巨門星入遷移，化祿化權最為奇，巨門本是搬弄是非之星，化祿時多得助力，口才亦佳。化權時說話有份量，能得眾望。但不管其成就如何，語言、口才仍是其成功致勝之訣。宮氣相生時，出外爭執難免，鬧中取樂。宮氣相剋時，多挑食之人，飲食小心。本身生宮氣時，多有口福之人。本身剋宮氣時，口舌致災，飲食困難。

天相星坐遷移宮：

天相星入遷移，出外多得人緣，和事佬，喜助人有成，又喜暗中掌權、好顏面。天相優點非常多，缺點就在於好出風頭和喜歡有人找其作保。宮氣相生時，名聲極顯要。宮氣相剋時，小心官司訴訟。本身生宮氣時，可得眾人之扶助，本身能力亦足。本身剋宮氣時，勞碌不免。

天梁星坐遷移宮：

天梁星入遷移，在家都是乖寶寶，出外多成為發號司令之人，天梁有清高特性在此表現甚為明顯，恐有專制、霸道之嫌。女命不宜，則天梁星轉化成飄蕩之星或孤獨之星，使女性多有遁世之念。宮氣相生時，有施濟之心，多得人緣。宮氣相剋時，為人必清高，流於孤寞，不易親近。本身生宮氣時，有施濟之心，為善助人。本身剋宮氣，有名聲，易眼高於頂。

七殺星坐遷移宮：

七殺星入遷移，出外多爭忿，易受境影響，而憤世嫉俗；但開創能力佳，如能有始有終也可成就一番事業。此星入遷移，最適合武職之人作戰或開創功名，或在重工業、重機械亦佳，文人反多黑或不得志。宮氣相生時，堅守其志，必有所成。宮氣相剋時，須備極辛勞，恐有糾紛，宜忍讓。本身生宮氣時，有霸氣易流於黑道。本身剋宮氣時，凶險不免。

破軍星坐遷移宮：

破軍星入遷移，出外好面子，因其為賭星，所以出外也多投機行為；破軍化祿或化權時，多能有成就名聲。宮氣相生之時，越增加其破軍星的波動力量，有奇遇。宮氣相剋時，反不利外出。本身生宮氣時，賭性強，宜投機。本身剋宮氣時，外出防詐賭或受騙。

文昌、文曲星坐遷移宮：

文昌、文曲入遷移宮，文學、文藝、技能宜在外鄉求取。

火、鈴星坐遷移宮：

火、鈴入遷移宮，出外吉凶起伏大。

空、劫星坐遷移宮：

出外不利，多咎。

左輔、右弼星坐遷移宮：

多能得助，困中求勝。

天馬星坐遷移宮：

出國運勢最強，但勿與凶煞同宮為吉。

祿存星坐遷移宮：

出外發展大吉利。

羊刃、陀羅星坐遷移宮：

出外凶險多，做事多遲延。

天魁、天鉞星坐遷移宮：

在外貴人多，在外聲名遠播。

第十節

各星曜在朋友（奴僕）宮

子曰：「益友有三，友直、友諒、友多聞」。又有人說：「士為知己者死」。這些都是講朋友的重要性；在現今社會，人人求諸於功名利祿，在緊要關頭，又常為朋友所累，或棄朋友於不顧；眼觀中國歷史，大體上朋友可分二大類型一、可共患難，不可共享樂。二、可共享樂，不可共患難。相信你在這一生中或多或少都能碰上這二類朋友，幸與不幸全看個人之取捨了。在家靠父母，出外靠朋友。你想知道你的人際關係先天所賦的現象嗎？在面相位置請看圖3-8所示。在古代為稱為奴僕宮，現代大多稱為朋友宮，一下又是朋友宮，一下子又是奴僕宮，這二個都是一個宮的名稱，請讀者了解。

請仔細研讀下文，便知曉。

紫微星坐朋友宮：

紫微星入朋友宮，好與壞都容易受朋友影響，正所謂「成也蕭何，敗也蕭何」，不宜與破軍星、貪狼星同宮，則多是不義之人。喜與天相星同宮，朋友多助力。宮氣相生時，能擁有許多的朋友與部屬，宮氣相剋時，朋友來來去去。本身生宮氣、對朋友多講義氣。本身剋宮氣時，對朋友多無情。

天機星坐朋友宮：

天機星入朋友宮，喜結交文人雅士，或宗教信徒，朋

圖3-8　朋友宮位置圖

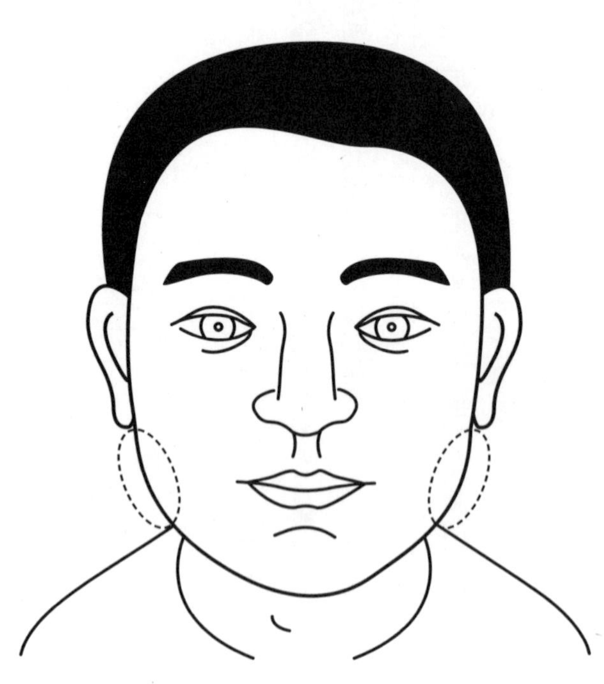

友部屬人數不多，多為善良之人，能助己身為善，但缺乏物質上的幫助。宮氣相生時，朋友多為能人。宮氣相剋時，本身須助朋友。本身生宮氣時，朋友多助，大多來自遠方。本身剋宮氣時，易流於孤獨。

太陽星坐朋友宮：

太陽星坐於廟旺之地，朋友運勢多遲發，但終有貴人。宮氣相生時，相識滿天下，交友廣闊。宮氣相剋時，不容易得長輩提拔。本身剋宮氣時，好濟樂施，樂善助人。本身生宮氣時，不可當老闆。

武曲星坐朋友宮：

武曲星入朋友宮，朋友多武職之人，但恐流於爭強鬥狠之輩。武曲星化忌時，朋友多不義。宮氣相生時，可擁有許多朋友部屬，但是不可為頭，否則易受背叛。宮氣相剋時，交友小心。本身生宮氣時，多近宗教朋友有利。本身剋氣時，易受朋友誹謗背叛。

天同星坐朋友宮：

天同星入朋友宮，朋友多風趣之人，享受極為講究，容易與朋友建立良好的感情。宮氣相生時，朋友多有助力。宮氣相剋時，多與異性朋友發生感情。本身剋宮氣時，交友平平。

廉貞星坐朋友宮：

廉貞星入朋友宮，朋友多喜物質上之享受，好動且多因朋友而帶來許多感情困擾，且須預防酒肉朋友，在緊要關頭被出賣，宜注意。宮氣相生時，能與朋友極盡享樂，但無法共患難。宮氣相剋時，小心感情困惑。本身生宮氣時，桃花多矣，聲色場所不免。本身剋宮氣時，小心酒肉朋友有害。

天府星坐朋友宮：

天府星入朋友宮，此人通常以救世主的心態出現在朋友之間，天府在十二宮中，可說都呈現吉象，其特性易與紫微相同，但優點較紫微為多。若宮氣相生時，能擁有許多的朋友與部屬，宮氣相剋時，朋友來來去去。本身生宮氣、對朋友多講義氣，感情好。本身剋宮氣時，對朋友多無情。

太陰星坐朋友宮：

太陰星入朋友宮，廟旺多得女性助，陷地多因女性朋友導致感情困擾，雖仍有助，花酒免不了。宮氣相生時，多掌理金融之友。宮氣相剋時，多才藝之友，小心桃色。本身生宮氣時，反易呈孤獨。

貪狼星坐朋友宮：

貪狼星入朋友宮，朋友多現實主義者，且有劫本身財物現象，交友須小心。宮氣相生時，朋友雖助，儘少牽扯到錢財為妙。宮氣相剋時，朋友多狂妄（勇於前進，有所不為）之人。本身剋宮氣時，小心為朋友所累。本身生宮氣時，朋友好色又好財。

巨門星坐朋友宮：

巨門星入朋友宮，朋友多三姑六婆型，且周遭朋友易無中生有，交友小心。朋友猜忌心也強，常令自己不知如何是好。宮氣相生時，朋友多為口才佳，易與朋友爭辯；但可因朋友而享食祿。宮氣相剋時，朋友易生是非，面前面後二種人。本身剋宮氣時，易受朋友責難，而不敢反駁，本身生宮氣時，朋友現實。

天相星坐朋友宮：

天相星入朋友宮，朋友多有義氣之人，在困境時，常能助己身脫困解難。宮氣相生時，朋友相交多知心，有助力。宮氣相剋時，朋友助力減弱，互有助力。本身生宮氣時，朋友有達官顯貴之人。本身剋宮氣時，朋友為官者，易惹禍。

天梁星坐朋友宮：

天梁星入朋友宮，主權操在朋友，朋友好面子，多有文人雅士或五術之友。在精神上的幫

助，大於實質上的助力。宮氣相生時，朋友多清高之士。宮氣相剋時，勿交雞鳴狗盜之輩。本身生宮氣時，交友甚廣，但不易有知心之人。本身剋宮氣時，反顯孤獨。

七殺星坐朋友宮：

七殺星入朋友宮，朋友多剛烈之人，易有黑道之友。朋友助力與相害的起伏變化甚大，交友亦須小心。宮氣相生時，多結義友，兩肋插刀在所不辭。宮氣相剋時，朋友多反叛，落井下石。本身生宮氣時，武職朋友可交，有助力。本身剋宮氣時，朋友易為害己身。

破軍星坐朋友宮：

破軍星入朋友宮，朋友多好賭、好色之流，心術較異常，且頭腦靈巧，雖有助，為害也大。宮氣相生時，朋友多有地位，但不是君子。宮氣相剋時，因友受累。本身剋宮氣時，易受陷害而不自知。本身生官氣時，朋友多巧藝之人。

文昌、文曲星坐朋友宮：

朋友多文才技藝之人。

火、鈴星坐朋友宮：

易生禍害，交友小心。

地劫、天空星坐朋友宮：

朋友思想怪異。

左輔、右弼星坐朋友宮：

最宜入此宮位，能得助力。

祿存星坐朋友宮：

吉，多有助力，單坐不吉，知心朋友少。

羊刃、陀羅坐朋友宮：

交友小心。

天魁、天鉞星坐朋友宮：

貴人多，易與貴人產生感情。

第十一節

各星曜在事業宮

「男怕入錯行，女怕嫁錯郎。」這句話在現今要說：男女皆怕入錯行。的確事業在人類生命過程中，佔有不可忽視的地位，士、農、工、商任君選擇，可是做那行，又怨那行，這是人類大部份通病；雖然說三百六十行，行行出狀元，但是狀元畢竟有限，只要能選擇自己適合，做起來又有興趣的行業為主，這是最好不過了。每個人與生俱來，就由自己的天性在支配著事業的展向，那你的天性為何？

在面相位置請看圖3-9圖所示，官祿宮或稱事業宮都是同一稱謂。

星曜在事業宮解釋如下：

紫微星坐事業宮：

紫微星入事業宮，野心強烈，較不切實際，做那行，怨那行，除非自己當老闆，但也不易滿足。宮氣相生時，做任何事業都能有收獲，不適合坐辦公桌。宮氣相剋時，多為事業幻想家，宜從事創新、發明或新潮行業。本身剋宮氣時，可當小生意之老闆。本身生宮氣時，宜從事金屬或精品事業。

天機星坐事業宮：

天機星入事業宮，最適公職或從事傳教、顧問亦佳，或為武職，亦是武中帶文的性

圖3-9　事業宮位置圖

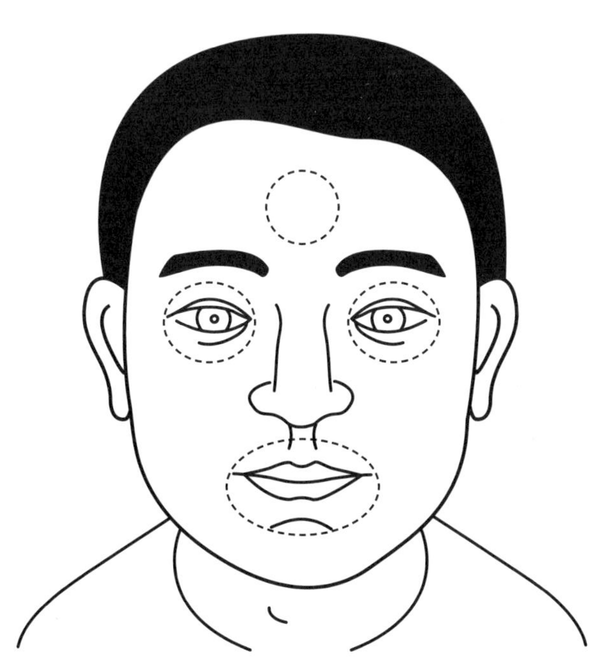

質。宮氣相生時，公職為佳，飲食大忌。宮氣相剋時，宜做固定支薪之職，可坐辦公桌。本身生宮氣時，以天下為己任，佈道家可成。本身剋宮氣時，易更換工作不定，須有耐心。

太陽星坐事業宮：

太陽星於廟旺之地無煞星破時，可為官職，教授技能之職，不可給他人聘雇，反生是非。太陽坐於陷地，尋職較不易，可從事夜間事業，當有所成。宮氣相生時，居高位時須行善，身在公門好修行，不得志時忍耐可成。宮氣相剋時，只適合自己經營，也能有成，但名多於利。本身生宮氣時，可從事美學相關職業。本身剋宮氣時從事五金反得利。

武曲星坐事業宮：

武曲星管理田產，故武曲入事業宮可從事房地產投資、養殖、耕種可有收獲。武曲化忌或宮干自化忌時，反不適合土地事業，但可從事墳地，廟宇之職反為大吉。宮氣相生時，可名利雙收。宮氣相剋名多於利，本身生宮氣，與宗教建築有關為佳。本身剋宮氣，須防成中帶破，要會守財，不宜當老闆。

天同星坐事業宮：

天同星創業能力弱，最好得之他人相助合夥為佳，從事設計、演藝或變化性較大職業，可有所成；獨當一面恐怕吃不消。天同入事業，通常也都帶有異性助力之功效。宮氣相生時，名利兼收，但恐身閒心也不閒。宮氣相剋時，不可從事勞動事業。本身生宮氣時，從事自由業最佳。本身剋宮氣時，謀職不順。

廉貞星坐事業宮：

廉貞星雖有桃花特性，入事業宮反為正派經營，任何事業都可為之，算得上是顆事業之星，如能從事美學事業更能名利雙收。宮氣生剋之變化，對其影響力只在於事業的項目多寡而已。

天府星坐事業宮：

天府星入事業與紫微星有異曲同工之妙，但天府乃從事大事業可，小事業反不吉。宮氣相生時，做任何事業都能有收獲，不適合坐辦公桌。宮氣相剋時，多為事業幻想家，宜從事新潮行業。本身剋宮氣時，可當小生意之老闆。本身生宮氣時，宜從事金融事業。

太陰星坐事業宮：

太陰星入事業多財賦之官，廟旺之地公職財經、金融業能有所成。陷地不適合公職，化忌或自化忌時，女命有風塵現象。宮氣相生時，大為吉利，名利雙收。宮氣相剋時，不適合當主管反易惹禍。本身宮氣時，賺錢容易之事業。本身剋宮氣時，小心事業上的陷阱。

貪狼星坐事業宮：

貪狼星入事業宮，什麼行業都想沾，尤其是投機事業，甚至違法行業都敢做，所以事業

宮有貪狼星的人，請多多節制，開創機會多的事。宮氣相生時，以從事娛樂業為佳。宮氣相剋時，容易鋌而走險，從事木業或金屬製造業佳。本身生宮氣時，無所不為，金融業可行。本身剋宮氣時，事業起落快。

巨門星坐事業宮：

巨門星入事業宮，以口才行業最佳、漁業、流動性事業亦可。但巨門有猜疑好嫉之特性，故當老闆時，部屬流動性大。宮氣相生時，記者、評論家、大餐廳、出版社都有發展。宮氣相剋時，小飲食店、河養殖業、種植業皆可。本身剋宮氣時，因職業工作日有是非，宜在吵雜環境中取財。

天相星坐事業宮：

天相星入事業宮，可從事法律、醫護、美容、刻印、印刷、複製品……等行業；不可做投資性事業，因為天相比較不適合作賭性事業。宮氣相生時，可從事公職及相關法律行業。宮氣相剋時以美容、印刷大吉。本身生宮氣時，避免使用支票之事業或替人擔保。

天梁星坐事業宮：

天梁星是顆清高的孤星，也是五術之星，所以天梁入事業宮時，可從事公職、獨資之文化事業、五術等行業，教師亦佳。宮氣相生時，公職有利。宮氣相剋時，五行或教師之職。本身剋宮氣，則以文化事業為佳。本身生宮氣，清高之職皆可為。

七殺星坐事業宮：

七殺星本乃將星亦是殺星，最利軍警、金屬、重工業或重機械之行業，如不好好利用反易淪落黑道，故也是顆江湖之星。宮氣相生時，武職顯赫。宮氣相剋時，防落黑道而多砍殺。本身生宮氣時，金屬重工業或重機械行業大發。本身剋宮時，易浪跡四方。

破軍星坐事業宮：

破軍星入事業宮，最適合投機事業，或趕在時代最新潮之行業，不利養殖業及農業。宮氣相生時，股票、匯率買賣，期貨等都能從中得利，但正當事業反而不穩會常更換。宮氣相剋時，須節制賭性，凡事須防詐。本身剋宮氣時，小心犯法律。

文昌、文曲星坐事業宮：

文職有利，化忌時文職反多咎。

火、鈴星坐事業宮：

事業起伏甚大。

地劫、天空星坐事業宮：

凡事較不起勁。

左輔、右弼星坐事業宮：

多得助力提拔。

天馬星坐事業宮：

旅遊、運動員最佳，或往遠處謀生。

祿存坐事業宮：

吉，保守不易突破現況，恐較易生怠墮之心。

羊刃、陀羅坐事業宮：

金屬尖銳或武職最佳，事業防官司及倒店。

天魁、天鉞星坐事業宮：

多得意想不到之提升及名氣。

以上事業宮之特徵，雖無法容納百行各業，但各位只要從其特徵尋找，可找出自己所適合之行業，在面相此部位豐滿光潤，都算吉相，從使凶煞，也多能化吉無咎，祝大家事業順利。

第十二節

各星曜在田宅宮

田宅宮在面相上來說就是「上眼皮」，所以說上眼豐潤無雜毛時，必有屬於自己的不動產，如圖3-10所示。相反地如果此部位低陷狹窄而有斑痕存在，縱使祖上有遺下不動產，你也都有變賣祖業的現象。因其為子女宮的對宮，所以下眼皮如豐厚也能對田宅宮有所幫

圖3-10　田宅宮位置圖

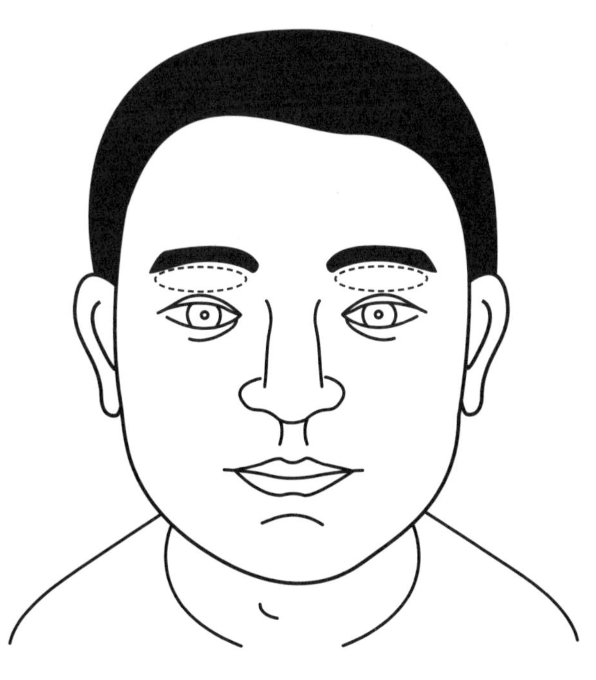

助的。「有土斯有財」，這是中國人固有的觀念，所以中國人到任何地方去居住，難免都會動到不動產或房產的腦筋上，發一筆土地財，你有這種先天命嗎？

紫微星坐田宅宮：

紫微星入田宅，田產進出極慢，通常紫微化權時，多能得祖先之遺產，若逢破耗之星曜，則祖業散盡；吉星如左輔、右弼、祿存同守時，更能廣置田宅而致富。宮氣相生時，多能擁有不動產。宮氣相剋時，田產進出無定。本身剋宮氣時，田產不易守。紫微入田宅，適合居住於辦公大樓林立之處。

天機星坐田宅宮：

天機星入田宅，大多無法獲得祖業，化祿時尚有可為，化忌時搬遷居無定所。且天機之特性居家有是非，故不宜置產。若有田產時，以居頂樓為佳，安靜時尚可安居，吵雜時必生搬遷之行為。宮氣相生時，白手起家，尚能擁有不動產。宮氣相剋時，宜住小間房子。本身生宮氣時，近廟宇吉。本身剋宮氣時，常換居所反而吉利。

太陽星坐田宅宮：

太陽星坐於廟旺之地，可以擁有許多令人眼紅之不動產，且居住地方宜高宜大更佳。太陽位於陷地，想要擁有不動產較難，尤其化忌或宮氣自化忌時，不適合以自己名下購置。宮氣相生時，不動產必有。宮氣相剋時，要得祖業，必有人爭。本身生宮氣時，白手起家大吉利。本身剋宮氣時，多有變賣。

武曲星坐田宅宮：

武曲星乃田宅宮之正主，不管其是否化忌，皆能擁有祖產，只是化忌時田產恐會變賣。武曲星入田宅，房子多居附近有廟宇、宗教建築、市場之旁，適合居住寬廣平坦之房。宮氣相生時，能擁有許多房子與土地。宮氣相剋時，宜選一棟房子即可。本身生宮氣時，須白手起家，較易保存。本身剋宮氣時，離鄉而居最適合。

天同星坐田宅宮：

天同星入田宅，多能擁有變相的不動產，如股票、車子、黃金之類。但只能守成，白手起家購置的機運較差。宮氣相生時，可擁有不動產。宮氣相剋時，尚可擁有變相之不動產。本身剋宮氣時，多為變賣、抵押之產。

廉貞星坐田宅宮：

廉貞星入田宅宮，擁有的不動產多為土地，果園而非房子。如為房子時，附近會有瓦斯行或爆竹工廠，甚至還有風化場所。宮氣相生時，如有房子以有庭園為佳。宮氣相剋時，小心居住環境多桃色。本身生宮氣時，喜新潮之房屋，房間到處張貼喜愛圖片。本身剋宮氣時，要注

意房子安全問題，防火。

天府星坐田宅宮：

天府星入田宅宮，其效果比武曲好，所以通常也能擁有許多不動產，當其威力發揮時，甚至都能有島嶼。當其威力減弱時，亦能有一定的產業。宮相生時，田產驚人豐富。宮氣相剋時，多能以車代步，且居住以靠水濱較佳。本身生宮氣時，可因不動產致富。本身剋宮氣時，田產以靠小林為佳。

太陰星坐田宅宮：

太陰星入田宅，坐於廟旺之地，田產也多。坐於陷地，縱有田產也變賣，宜住酒家、茶室、娛樂場所附近。宮氣相生時，田產多而住宅環境高級。宮氣相剋時，宜住低處，勿近水旁。本身生宮氣時，以住娛樂場所附近為佳。本身剋宮氣時，住宅多桃色。

貪狼星坐田宅宮：

貪狼乃慾望之星，入田宅宮，通常對購置不動產有很大興趣，若是財力不足，也多易幻想擁有許多不動產。宮氣相生時，也能擁有不動產，以居住山林附近為佳。宮氣相剋時，通常居於工廠或吵雜人多之場所。本身剋宮氣，能因投資田產致富。本身生宮氣，購置不重的產時注意糾紛。

巨門星坐田宅宮：

巨門星入田宅宮住家多雜之場所，要想擁有不動產，也一波三折，通常與左右鄰舍相處，也不易融洽，注意口舌之爭。宮氣相生時，鬧中居住大吉利。宮氣相剋，居家多口舌意氣之爭。本身生宮氣，多易變換不動產。本身剋宮氣，注意勿低窪地區，防水災。

天相星坐田宅宮：

天相星入田宅，居住法院、醫院之旁較吉利。天相能擁有屬於自己之不動產，但想繼承祖業，恐須一番相爭或經官司而得。宮氣相生時，可得祖業。宮氣相剋時，祖業難守，可自行置產。本身生宮氣時，可購置許多不動產。本身剋宮氣時，多產權糾紛。

天梁星坐田宅宮：

天梁星入田宅宮，居住環境最好以獨棟為佳或居住獨立門戶，其次為較高的住所，或醫學院、學校清靜之場所。天梁星本性清高，若居住於吵雜，複雜環境中難於度日。宮氣相生時，可以擁有不動產，但不可做投機之不動產。宮氣相剋時，要擁有不動產非常艱辛，屬於雲遊四方的類型。本身生宮氣時，不動產運勢佳，居住環境多奇人異士。本身剋宮氣時，不喜購置田產，租房子最適宜。

七殺星坐田宅宮：

七殺星入田宅宮時，居住環境以鐵工廠、大型工廠、工業區附近，營區、派出所附近最佳，田產運多橫發橫破，購置時須小心謹慎。宮氣相生時，多有異想不到之田產。宮氣相剋時，居於鐵工廠、派出所附近最佳。本身生宮氣時，以營區之環境最適宜，否則小心不良份子出入。本身剋宮氣時，田產多易變賣，祖產不守。

破軍星坐田宅宮：

破軍星入田宅宮時，破軍星乃飄盪，變動之星。田產多買賣進出，但可從中獲利，破軍化祿時大吉。宮氣相生時，田產土地、汽車、黃金、期貨買賣多有所收穫。宮氣相剋時，祖產多變賣，無法繼承祖業。本身生宮氣時，從事投機變相之不動產買賣極佳。本身剋宮氣時，居家是非多。

文昌、文曲星坐田宅宮：

適合居住學校或文教區，不可靠近水旁。

火、鈴星坐田宅宮：

住宅小心火災，暴烈易燃物。

地劫、天空星坐田宅宮：

小心失竊，易居住廟宇宗教建築之旁。

左輔、右弼星坐田宅宮：

可增加購置田產能力，左鄰右舍能和睦相處。

天馬星坐田宅宮：

住宅多居交通便利之旁，以大馬路之旁為宜，死巷不宜。

祿存星坐田宅宮：

買賣田產可獲利。

羊刃、陀羅星坐田宅宮：

田產多糾紛，住宅環境差，小心房子結構不穩。

天魁、天鉞星坐田宅宮：

住宅附近多貴人。

第十三節
各星曜在福德宮

程咬金三斧定天下，人皆稱之為「福將」，到底有沒有人能有如此大之福氣？自己福氣又到什麼樣的地步？在說明之前，先將定義何謂「福德」解釋一下，福德也是先天的成形，但並非是一成不變，像是積善者有餘慶，處世平和者，亦多福氣諸如此類後天運勢的補救，都能受到影響，如先天福德弱的人，身心兩忙，永無止境的操煩，貴人也不易出現。福德強的人，多貴人相處，逢凶也能化吉。所以要知道自己的福氣如何？福德宮之位置如圖3-11所示。

福德宮各星曜在各宮之解釋，請看下文分析：

紫微星坐福德宮：

紫微星入福德宮，多為個性軟弱或極為霸道之人。男女福德入此星，最好左輔、右弼、天魁、天鉞同坐最佳。宮氣相生時，為人有福氣，單坐時流於霸道。宮氣相剋時，多主見，主觀

意識強。本身生宮氣時，多能為做福他人，喜求回報。本身剋宮氣時，個性較消極，福氣尚可。

天機星坐福德宮：

天機星入福德宮時，為人慈祥，喜動腦筋不喜勞力。天機化忌或宮干自化忌小心精神異常，思想怪異。宮氣相生時，腦筋靈活，思想敏銳，智慧超人，但易流於孤獨，喜用宗教力量化解。宮氣相剋時，為人較不易親近，小心腦神經衰弱。本身生宮氣時，為人慈善對宗教有虔誠的信仰。本身

圖3-11　福德宮位置圖

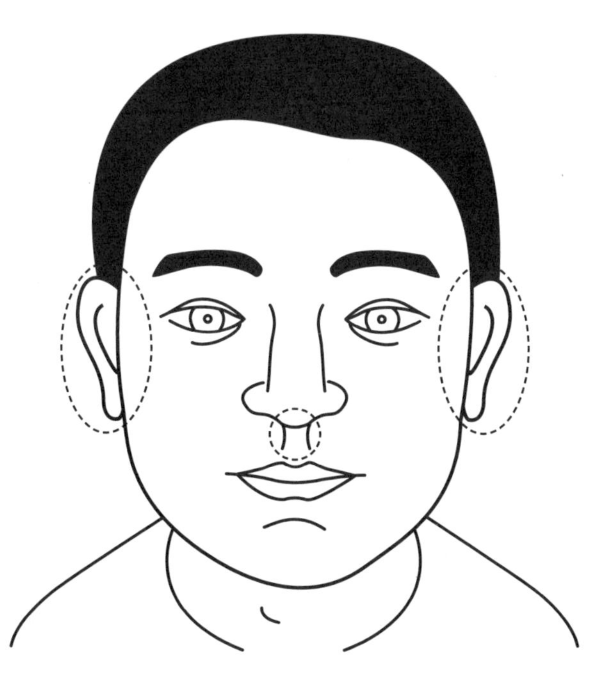

剋宮氣時，易得歇斯底里，妄想症。

太陽星坐福德宮：

太陽星坐於廟旺之地，喜做老大，不易管教。坐於陷地，雖喜助人，但多不易得到回報，且有專制現象。宮氣相生時，本身就是貴人，非常有福氣。宮氣相剋時，甚為勞心勞力。本身生宮氣時，喜助人，也有福氣。本身剋宮氣時，為他人作嫁，不得清閒。

武曲星坐福德宮：

武曲星入福德宮時，個性剛烈，易受激將，雖有福氣，難免得罪他人，宜修身養性。宮氣相生時，有福氣，男性霸道，女性驕寵。宮氣相剋時，宜多接近廟宇，藉宗教力量得福。本身生宮氣時，個性剛烈，自以為是，心地善良。本身剋宮氣時，小心傷害他人，容易犯法。

天同星坐福德宮：

天同星入福德宮時，天同乃福德正主，所有星系中最有福氣。天同在此宮時多為有福之人，逢凶化吉，多得貴人相助，本身也為貴，但本身較懶，人緣也佳，常能苦中作樂。宮氣相生時，人緣極佳，多於世故，有福之人。宮氣相剋時，雖有福氣，身閒心不閒。本身生宮氣時，乃為貴人，可助他人成事，亦可得回報。本身剋宮氣時，貴人多遲顯，須忍耐，終為有福之人。

廉貞星坐福德宮：

廉貞星入福德宮，異性緣極，好美色，多風流之人，但常鑽牛角尖。宮氣相生時，易多異性幫助，容易與貴人發生感情。宮氣相剋時，易流於物質迷惑，無法自拔，小心酒色纏身。本身生宮氣時，為人風流，喜好美色，異性緣極佳。本身剋宮氣，多帶來感情困擾，小心玩火自焚。

天府星坐福德宮：

天府星入福德宮時，乃為有福氣之人，貴人極多，廣結善緣，心地善良。若有凶煞之星坐或沖破時，個性多變時好時壞。宮氣相生時，為人明理做人端正。宮氣相剋時，好惡極明顯，是非分明，但恐流於主觀。本身生宮氣、為人慈祥、喜歡助人，可獲回報。本身剋宮氣時，為人霸道，須修身養性，否則人緣不佳。

太陰星坐福德宮：

太陰星坐於廟旺之地，為人風趣幽默，男性有異性緣，但也多感情困擾，長相也多為清秀俊俏。太陰坐於陷地，一生為情苦惱，女性尤其忌諱，注意花酒之災。宮氣相生時，有福氣、多酒食，注重精神享受。本身生宮氣時，酒食也足，男性防風流惹禍。宮氣相剋時，多感情糾紛，不易享福。本身剋宮氣時，女性防人財兩失。

貪狼星坐福德宮：

貪狼星多慾故入福德時，為人慾望強烈，凡事多妄想，物質慾望難以滿足，腦筋靈巧，作事極為積極，恐欲速則不達，精神上不易獲得滿足，小心迷戀花酒而忘身。宮氣相生時，有福氣享受到實質上的事物。宮氣相剋時，防慾望過強而犯法，宜自我剋制。本身生宮氣時，較無法享福，個性喜刺激好動。本身剋宮氣時，慾望反而降低，宜學道可有所成。

巨門星坐福德宮：

巨門星入福德，一生精彩多喜熱鬧之場所，好逞口舌之快，爭強鬥勝難免，亦易惹是非。話多而誇大，女命較不宜。宮氣相生時，有語言天份，宜加以利用，可因此而致富，但財多不易守。宮氣相剋時，有偏食或好飲之現象，口舌是非亦多。本身生宮氣時，多以食祿出名，評論事理亦多有奇論，宜多加利用。本身剋宮氣時，易有是非，勿爭強鬥勝，為人極愛面子，但言詞多誇大。

天相星坐福德宮：

天相星入福德，為人有福喜助人，注重自己外觀，但喜好打抱不平有極欲出風頭之現象，為人忠心，多為朋友、六親所累。宮氣相生時，名聲遠播，有福氣，防友出賣。宮氣相剋時，儘量勿擔保，反而惹是非。本身生宮氣時，為人剛正，好管閒事，喜做魯仲連（和事佬），雖有福氣，勞碌不免。本身剋宮氣時，多易惹上官司訴訟，不宜強出頭。

天梁星坐福德宮：

天梁星入福德，頗有老大作風，喜用長者語氣訓人，老成持重，為人清高，但有專制之嫌；逢凶多能化吉，多長壽之現象。宮氣相生時，更顯清高，老大作風也極為時顯，長壽。宮氣相剋時，較有專制、霸道之嫌，少年老成。本身生宮氣時，喜好施濟，不喜勞力，可為師之輩。本身剋宮氣時，性喜飄蕩孤高，常不見容於同輩之中。

七殺星坐福德宮：

七殺星入福德，多為脾氣暴烈之人，愛恨喜惡易顯露於外。利武不利文，文人反多災。七殺星開創能力極強，即知即行，不易受教，煞星同宮，易走極端。宮氣相生時，為人剛烈，有福難享，遇善則善，遇惡更惡。宮氣相剋時，開創能力強，做事明快，但較霸道恃寵而驕。本身生宮氣時，須修身養性，武職大利，或須自營生計。本身剋宮氣時，防失手傷人，通常吃軟不吃硬，個性率直。

破軍星坐福德宮：

破軍星入福德，為人靈巧，很會鑽漏洞，有投機腦筋，善賭或好酒色。個性喜好變動，永遠走在時代尖端，但恐過貪小便宜而吃虧。宮氣相生時，投機難免，化祿可得厚利。宮氣相剋

時，反注重名聲，過於做作。本身生宮氣，酒色須防，易犯法網。本身剋宮氣時，難享清福，雜事纏身，清閒也多是非。

文昌、文曲星坐福德宮：

為人好舞文弄墨，有技能，但多喜偽裝。

火、鈴星坐福德宮：

為人脾氣暴烈，出外反吉。

地劫、天空星坐福德宮：

多有出世之心，較無名利之爭。

左輔、右弼星坐福德宮：

多為他人作嫁，能得貴人提拔。本身也多有貴人相助，但桃花易犯。

天馬星坐福德宮：

性喜好動，不動時坐立不安，運動神經發達。

祿存星坐福德宮：

多為厚利有福者，第六感亦強。

羊刃、陀羅星坐福德宮：

多災，喜破壞，武人有利。

魁、鉞星坐福德宮：

本身即為貴人，多能替人排難解憂。

第十四節

各星曜在父母宮

父母宮的作用，就是在觀看其先天環境，與父母之緣份，長輩、上司是否有提攜作用等，故可視為人際成功與否的一項宮位。額角若有疤痕，父母不易存，或與父母感情不順，耳朵以輪廓分明順暢為吉相，多能受父母或長輩提攜。耳朵輪廓若不明顯，彎彎曲曲，反耳朵者，多與父母無法生活暢意。故此部位若飽滿圓順，星系亦多呈吉相。反之星系也易呈凶相，但可用後天行運的力量彌補。父母宮之位置如圖3-12所示。

紫微星坐父母宮：

紫微星入父母，父母多為有名望之人，能得長輩提拔，同輩反多遭排擠，父母若非溺愛，反易受父母厭惡。宮氣相生時，能得父母之助或溺愛，本身不可驕而恃寵，反而遭忌。宮氣相剋時，大多只能得到父母影響極大。本身剋宮氣時，反多遭父母厭惡，無法得寵，出外多與長輩紛爭，目中無人。本身生宮氣時，對父母依賴過大或極為替父母設想而延已事。

天機星坐父母宮：

天機星入父母宮，父母多為慈善有宗教信仰極為虔誠之現象，智慧超人但多杞人憂天，會使本身精神上有許多負擔。宮氣相生時，父母慈善，對待長輩、上司有禮，能得長輩提拔。宮氣相剋時，父母多性急之人，自己精神上壓力亦大，多為勞心，化忌或宮干自化忌時，小心精神失常或多為智能不足。本身剋宮氣時，父

圖3-12　父母宮位置圖

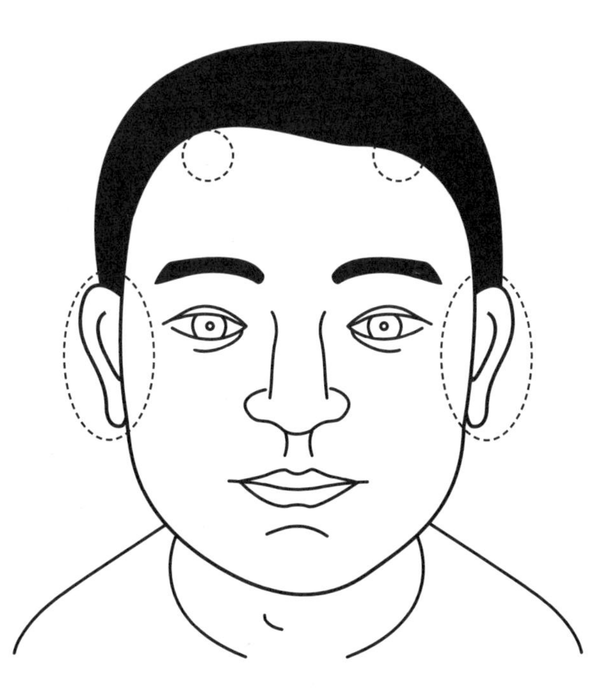

母為自己本身傷神勞心，多為杞人憂天型，長輩緣份薄弱。

太陽星坐父母宮：

太陽乃為父星，故坐於廟旺之地，多得父或男性長輩提拔而成功，與父也較有緣份，化忌或自化忌時反而不利。坐於陷地，與父無緣，宜早早離家發展，化忌或自化忌時，反多為孝順之人，但多不得父之歡心，父亦須帶疾延生。宮氣相生時，父母多有名望，但多為剛直霸道，不易溝通，能得長輩提拔成功。宮氣相剋時，父須帶疾延生，多無父或男性長輩之緣。本身生宮氣時，父母多和善好施，有美名，但管教較嚴，多直代溝。本身剋宮氣，父母運勢多舛，父親多不得志或先成而後敗。

武曲星坐父母宮：

武曲星入父母，父母多脾氣暴躁之人，但多能對自己有實質上之幫助；化忌或自化忌時，則反之。武曲又為廟宇之星，故多有認神明或認乾爹乾媽之人，也多能有所幫助，長輩緣份，時好時壞，但對長亦多無禮，須注意改之。宮氣相生時，父母多為有財之人，能看實際有助力，但多為脾氣暴躁。宮氣相剋時，家道中落，須負起興家之責，父母多為個性變化極大之人，長輩緣份弱。本身剋宮氣時，只能得父母精神上支持，多有認養父母或神明為父母之現象。本身生宮氣時，父母雖有財但幫助不大，長輩緣份尚可。

天同星坐父母宮：

天同星入父母，父母個性溫和無主見，開創能力不足，與世無爭，屬於好好先生型，父母與自己較無代溝，有如朋友，所以天同星在父母宮算是令人羨慕的。宮氣相生時，備受父母關照，長輩緣份強。宮氣相剋時，父母只能施於精神支持，但長輩有提拔多貴人。本身生宮氣時，父母勞心，為自己傷神，喜胡思亂想，長輩能提拔，多與貴人發生感情。本身剋宮氣時，父母多為無主見之人，好好先生，能有和睦之長輩緣。

廉貞星坐父母宮：

廉貞星入父母，父母多較現實，多為只認財富不認人，如自身賺錢能力差，關係容易傷害，縱使有助，多與父母無緣。宮氣相生時，本身須有極大作為，否則父母形同陌路。宮氣相剋時，父母多喜享樂之人，與長輩亦多有磨擦。本身生宮氣時，父母個性怪異，與自己思想觀念多不易溝通。本身剋宮氣時，父母緣份薄弱，不得父母關照，出外反吉。

天府星坐父母宮：

天府星入父母，多能擁有賢明之父母，思想行為多能得父母影響。宮氣相生時，能得父母之助或溺愛，本身不可驕而恃寵，反而遭忌。宮氣相剋時，大多只能得到父母影響極大。本身剋宮氣時，反多遭父母厭惡，無法得寵，多與長輩有紛爭。本身生宮氣時，對父母依賴過大或

極為替父母設想而延己事。

太陰星坐父母宮：

太陰星為母親之星，坐於廟旺之地，都能得母親之寵愛。坐於陷地，多不受母親寵愛，易與母親或女性長輩頂撞，不太孝順。宮氣相生時，母親多有相助，且易有女性貴人提拔，男性會與女性貴人有感情。宮氣相剋時，防與女性長輩糾紛，男性有感情困擾。本身生宮氣時，很有人緣，但也多花酒，能與長輩相處和樂。本身剋宮氣時，不受女性長輩提拔或感情困擾。

貪狼星坐父母宮：

貪狼星入父母，父母感情多不和睦，本身對父母較無感情，與父母緣份薄弱。宮氣相生時，父母尚有幫助，但多現實之人。宮氣相剋時，父母運勢多舛，家道中落。本身生宮氣時，宜二姓過房，與父母之緣份過弱，出外尚能受長輩提攜。本身剋宮氣時，對父母抱怨過多，宜多孝順。

巨門星坐父母宮：

巨門星乃是非食祿之星，不管宮氣生剋如何，入父母宮，多與父母不和，口舌是非強烈，甚至反目成仇，宜謙忍致百祥。

天相星坐父母宮：

天相星入父母宮，父母多為正直之人，但凶煞坐或沖破時，反為現實。長輩有提拔現象，但本身不易與長輩親近，較不敬老尊賢。宮氣相生時，能受父母及長輩主動提拔，但有代溝，父母多為不易親近之人。宮氣相剋時，反須助父母且無法受父母照顧。本身生宮氣時，與父母相安無事，長輩多精神訓示。本身剋宮氣時，父母緣份弱，有過房之現象。

天梁星坐父母宮：

天梁星入父母宮，乃正坐之位，因天梁星為長壽之星，所以父母多有長壽，但會較專制，不易親近。宮氣相生時，父母多有壽，為人亦清高剛正，但不易親近。宮氣相剋時，父母多帶疾延生，但也長壽。長輩只有精神上支持而已。本身生宮氣時，父母亦多長壽，但不易感情融洽。本身剋宮氣時，父母及長輩多無法照顧。

七殺星坐父母宮：

七殺星入父母宮，單座時易有二姓延生或自小離家，不與父母居住，父母也都剛烈之人，父母若為武職或在重工業、重機械業比較有利。宮氣相生時，與父母較不易親近，但易與長輩建立良好的關係。宮氣相剋時，與父母極為薄弱，易起爭執，對長輩多無禮。本身生宮氣時，宜過房。本身剋宮氣時，多為單親或家庭有問題之人，較無法受父母的關愛。

破軍星坐父母宮：

破軍星乃損壞、投機之星，入父母宮時，父母多重視利益，忽視感情，本身對父母也較無情份。宮氣相生時，能受父母長輩提拔，須防誤入歧途。宮氣相剋時，不宜父母帶大，否則易反目成仇。本身剋宮氣時，尚能得父母及長輩寵愛。本身剋宮氣時，宜二姓延生或不宜父母居住，居住有是非。

文昌、文曲星坐父母宮：

文昌、文曲星入父母宮時，父母多文學巧藝，能受父母薰陶，不可虛偽。

火、鈴星坐父母宮：

火、鈴星入父母宮時，多與父母無緣份。

地劫、天空星坐父母宮：

地劫、天空父母宮時，多與父母聚少離多、無緣份。

左輔、右弼星坐父母宮：

左輔、右弼星入父母宮時，能受父母幫助。若受宮氣相剋時，認乾乾爹乾媽之現象。

天馬星坐父母宮：

天馬星入父母宮，多不易父母相聚。

祿存星坐父母宮：

祿存星入父母宮時，能得父母幫助。單坐時，父母多為吝嗇、小器。

羊刃、陀羅坐父母宮：

羊刃、陀羅星入父母宮時，與父母緣份薄弱，多與長輩不合。

天魁、天鉞星坐父母宮：

天魁、天鉞星入父母宮時，能得父母幫助，長輩提拔。

以上十二宮所論在此作個總結：凡是在面相呈現之宮位飽滿光潤，與本身之星系有所衝突時以面相為主。

所以筆者再三強調，人過了十六歲以後，就要為己的長相負責，原因在此，希望讀者看過此書後能自所得，切記一點本書純論先天之命，以便讓各位了解自我。

第四章

四化星性概說

第一節 四化基本規則

四化星是紫微斗數特有的論命用法，與其他命學方式有所不同，主要是以十天干為主，每個天干都有四個能量在不同的星曜產生，致於四化星是如何演變而來，筆者曾在《紫微探源》一書中詳細說明，或是讀者可以到網路上搜尋「王文華老師紫微斗數學理」關鍵字查詢，影片介紹說明，有化祿原理、化權原理、化科原理、化忌原理之介紹，讀者如有興趣，可以再看其他學理的介紹。

四化有些派別不同，例如占驗門四化，則以甲天干之文曲化科，庚天干之天同化科、天相化忌，辛天干之武曲化科，壬天干之天府化科，另十八飛星之四以己天干之破軍化忌，庚天干之天府化科，辛天干之天梁化忌等，都有其立論之基礎，筆者所使用以一般之四化為主如下：

甲天干：廉貞化祿、破軍化權、武曲化科、太陽化忌
乙天干：天機化祿、天梁化權、紫微化科、太陰化忌
丙天干：天同化祿、天機化權、文昌化科、廉貞化忌
丁天干：太陰化祿、天同化權、天機化科、巨門化忌
戊天干：貪狼化祿、太陰化權、右弼化科、天機化忌
己天干：武曲化祿、貪狼化權、天梁化科、文曲化忌
庚天干：太陽化祿、武曲化權、太陰化科、天同化忌
辛天干：巨門化祿、太陽化權、文曲化科、文昌化忌
壬天干：天梁化祿、紫微化權、左輔化科、武曲化忌
癸天干：破軍化祿、巨門化權、太陰化科、貪狼化忌

四化是紫微斗數很重要的推論法則，筆者把四化部分為二個部份，其一是稱為「平面四化」，第二個稱為「垂象四化」，二者有何不同呢？所謂的「平面四化」，即是以單一四化飛到各星曜之所在位置，飛出宮可以稱為「發射宮」，另一種是宮干四化飛到各宮之宮位，又稱「接受宮」，這種現象我們可以稱與飛出之宮位關係，以體用而言，以飛出之宮位為「體」（基

準點），接受者為「用」（關係），接受單位之宮或星曜，對飛出宮之影響關係，四化星沒有進入之宮位，則與該宮位不產生直接影或是互動。

另外還有一種方式，是比較少被討論的，以宮位（宮職）為「體」，在宮位裡之四化星曜，與各宮位之干支所產生的之關係，例如某宮位內有天機星，天機是乙天干化祿、丙天干化權、丁天干化科、戊天干化忌，表示四個天干所在宮位，是潛在影響天機星的變化。

第二個是所謂的「垂象四化」，這個主要使用應期在何時（應期表示發生的時間點），運用方法與「平面四化」使用方很類似，以四化變化為基礎，推論發生之時間點，說卦傳：「天地定位，山澤通氣，雷風相薄，水火不相射（筆者認為是水火相射），八卦相盪，數往者順，知來者逆，是故易逆數也」，這一段話是指四化星運用之理。「垂象四化」的看法與「平面四化」方式有一點不同，其運用之重點不同，本章節只討論「平面四化」如何使用及看法，主要以宮位關係介紹，先把基礎打點好，再深研「垂象四化」，否則實際運用時會讓你觀念整個弄亂混淆。

「垂象四化」可以推論出機會點，而機會點到來，要積極努力去爭取，代表成功機會很大，並非百分之百一定有，沒有努力即是有機會不一定會有，有一句話說：「命裡有時終須有、命裡無時莫強求」，生死由命，大富在天，中富在我，小富靠儉。經常聽到朋友在埋怨這個那個，為何不把不好情緒轉化為未來的動能，只要把你現在事情盡自己本份把事做好，把握當

下，事情結果只有好與壞，將過去的事情成為經驗，這就是經驗，也為未來奠定成功的基石。

在祿命常有一句是「橫發橫破」，這句是指你在沒有準備好時，讓你成功，因為你沒有準備好當然也是速敗，是一種相對的，像現在網路時代，「網紅」、「爆紅」隨時都有可能，大部份都是因為沒有準備好，很快的消聲匿跡，這種「爆紅」是一種機會，人生沒有幾次這種機會，機會失去了，可能沒有機會了。當我們學習紫微斗數要時時了解自己，要如何創造出自己價值，若能善用紫微斗數的預測分析，無論是在你的工作上、人生方向會比較有清晰方向，準備好自己，等到機會一來，你能手到擒來。

四化星的變化由十天干所產生變化，十天干代表各星球運行與地球影響，都會由一個天干來引動四化星變化，每次會引動四個星曜，四個星曜分別代表了化祿、化權、化科及化忌，四化星曜也代表了祿、權、科、忌四種能量進入。說到這裡有一個觀念要提醒一下，例如四化星之化祿進到某一個宮位，則這一宮位所有星曜都受化祿星影響，而不是只有那一顆帶有化祿之星才有影響。若是化忌星進這個宮位，這個宮位大部份會被這個化忌星所影響，大部份星曜都會以缺點部份顯現較多，例如到冷氣房，不會只有幾個人會吹到，有幾個人沒有吹到。

四化星曜沒有絕對好或是絕對壞，是相對的，繫辭上傳：「吉凶者失得之象也，悔吝者憂虞之象也，變化者進退之象也，剛柔者晝夜之象也」這四句話說明對應之關係，何謂吉凶，基本上無論是人、事或物都是沒有所謂的吉凶，吉凶產生在於取或捨，即是得到或失去才是吉。例如你得一部中古車，是吉，但是使用了一陣子，車子狀況不佳且太耗油、保養費用很高，比較搭計程車費用還多，這時這部車對我而言則是凶，則不要這一部車才是吉，這一種是相對的觀念。

上個例子中得到了是吉，使用一陣子就後悔了，所以開始擔心車子在路上會拋錨，這就是憂慮之象也。所謂變化是事情過程要如何處理，要賣或送人或續繼用，這所謂變化，每一個結果都會不一樣，這就是進退之象。若要賣，是自己找（可能比較慢）或是賣給車行（可能比較快），快的方式有時候比較剛，慢的方式比較柔，這種方式就是晝夜之象也。

筆者利用這個「吉凶」觀念來引導到紫微斗數的思考邏輯分析判斷，基本上是不會離開這個範圍，這個說起來容易，要實際分析及運用要經過一段時間的練習才可以達到。筆者在教授紫微斗數四化時，經常遇到學員把四化滿天飛，轉來轉去，轉的昏頭轉向，最後是「搞不清狀況」，另外一種是「湊答案」，這有一點像台灣俗語「看到一個影子，就生一個孩子」（捕風捉影），當然就學的不好。通常方法只有幾種，不會太多，每一種方法都其「信度」與「效度」找出一個最佳解。

很重要一個觀念是方法及推論步驟要一致性，不可以隨時改變，若沒有結果，則要改變另

一個方法再試。舉例說明，要做化學實驗時，你所準備的器具及實驗步驟要一致，實驗的物質都有要精確的數量、大小、重量或體積等，這麼做是為了要找出差異性，一定要排除本身的誤差及過程中的差異才可以。學習紫微斗數過程之中，很重要的在推論過程中，每次方法是一致性，若有論斷不準的地方，找出中間的差異點分析，改善或排除錯誤。有如拿一個不準確的磅秤，要秤一公斤給客戶，是賺錢或賠錢都沒有弄清楚，本身量測物要精準。以前看到商家稱一公斤糖時，裝好一袋過秤一下，差不多，這是「熟能生巧」，不熟悉者若一次成功只能說是瞎貓碰到死耗子運氣好罷了。

紫微斗數學習上略分二種，第一種是星曜的推論，將主星基本的義涵，由簡單推論到複雜，這要靠一點想像力，有如繫辭：「近取諸身，遠取諸物」，例如廉貞星本意為「囚」之意，用在物的上面要如何推論，先了解「囚」方塊字意義，是在於一個空間內的人、事、物等，以一個家庭何者為廉貞星特徵的物品？筆者在所著的《紫微星鑰》一書中廉貞星的說明，代表電視、電腦、冰箱……等都是，再大一點例如停車場，再大一點牧場或有豢養場所即是，再大點就是林木區等，每一個星曜都有一個屬性代表，有如生物界的分類「界、門、綱、目、科、屬、種」可以將地球動植物分類清楚，紫微斗數也是相同的道理，所謂一理通百理通。

所有的星曜都有一個特性，要把生活上接觸到的東西都做一一歸類或分類，若無法分類，

則你所了解特性大多在表面，沒有實際了解了其中的核心點，若了解了其中核心關鍵要素，運用起來自然得心應手，左右逢源。舉個例子，在日本很流行的遊戲叫「柏青哥」，基本上是娛樂的機器，但到了台灣就變成合法與不合法之邊緣，日本定義的賭博就是在某個金額以上就賭博，這要依國民所得判斷是多才是合理，日本警方就在「柏青哥」的程式把輸贏機率設定好，即是玩上一天不會讓你傾家蕩產，主要是舒壓，只要程式被修改未被核定，都認定違法。

第二種是機械式的推論，即所謂的公式，機械式動作，有如數學的1+1=2，這是本書所要表達的重點，例如四化星曜所代表的意義，四化星飛到各宮的關係說明，這些都是比較屬於機械式的；另外一個就應期部份，預測在何年會何有事情應驗，或會發生何事等。一件事情要詳論到很清楚，除了對星曜非常了解外，還需要很多的生活經驗、知識來支持你的判斷，生活小細節觀察愈是透徹，以星曜特徵轉換生活的事件，或是形容事情發生過程愈清楚，如同身歷其境般。

一個天干主有四化星的變化，即是祿、權、科、忌四種，代表一種「起、承、轉、合」概念，對一件事情的來龍去脈清楚說明，知道這個過程，是否可以運用智慧將我們要的部份加強，不要部份減少，這是最佳情形，我想天下沒有那麼好的事情吧！學習紫微斗數目的不止是要趨吉避凶，要儘量達到我們的目標。

我們比喻四化之「祿、權、科、忌」有一年之「春、夏、秋、冬」。化祿有如春天般，萬物生長，綠意盎然，大地一片生氣，春天代表著生意盎然機會多，處處有生機，化祿代表著機會。化權有如夏天般，生長茁壯，靈氣逼人，活力旺盛，夏天代表著發揮、擴張、擴大、霸氣，所以化權代表者擴張、霸氣。化科有如秋天般，清爽的秋陽，金黃色大地，橘紅穗黃，豐收季節，喜悅的心情，秋天代表者喜悅，保守的。化忌有如冬天般，大地看起來無生氣，動植物過冬眠，大雪來臨，活動力減少，冬天代表者萎縮、停滯不前。

四化之中化忌常被認為是很不好的，是一個凶神惡煞，以筆者個人經驗中，化忌有百分之七十五是凶，有百分之二十五是吉，何時會產生「吉」呢？原因是在取決於「祿、權、科」在變化過程中都好時，沒有被破壞，則「化忌」雖是凶，此時也是吉，前面用「春、夏、秋、冬」來解釋，在「春、夏、秋」都沒有災害時，則冬藏倉庫滿滿，冬天無虞，此時化忌為吉論，若其中有一個問題冬天就會不好過。

四化整理一下最基本的意義如下：

化祿

基本意義：

機會的、生命力、喜悅的、獲得的、創新的、財源豐沛的。

應用面：

主財或祿為主，不主性情個性或形態，以入財帛宮、官祿宮或遷移宮最佳。化祿則以求財為主，做生意、業務拓展為主，機會多。

化權

基本意義：

活力旺盛、霸氣、擴張、發揮、權勢、競爭、衝突、勞動、執行力強。

應用面：

主權勢，行動力強，主觀意識強，把事情發揮的淋漓盡致，不主性情形態，若巨門或武曲化權更顯主貴。以升官為主，公務機關為主，大型企業主官職。

化科

基本意義：

喜悅的、保守的、多愁善感的、愛面子，心靈層次，計畫的，謹慎的，重視名譽的。

應用面：

主科名，主人聰明清秀，喜會魁鉞二貴，若與化祿、化權時於命身宮同宮，主貴顯。主考試、學習強，開創力、行動力不足。

化忌

基本意義：

萎縮、失去的，停滯不前，阻礙多，干擾多，自卑感，缺乏自信心，資源缺乏的，破壞吉星的優點。

應用面：

主是非多咎，不順的，阻礙多，經營困難的，若在命、身宮主人一生不順及辛苦，發不耐久。破壞力強，增強星性之缺點。

第二節

星性四化說明

紫微星

特性：「尊貴」、「孝順」、「無奈的誘惑」、「不易聽勸」。

乙干紫微化科：紫微星是一個尊貴之星，化科比較重面子，科名聲遠播、容易遇貴人提拔、地位高昇、若四煞星、升遷受挫、破財招損。

壬干紫微化權：紫微星化權則給人有權威、威嚴，別人都怕他，非常尊敬他不可、掌有生殺大權，領導人物或是在專業上也是頂尖人物。與大吉星會合左輔、右弼、太陽、太陰來相扶，主大富、大貴。

天機

特性：「智慧」、「清高」、「與宗教有緣」、「居家是非多」、「晚發」、「不易經商」、「第二四天馬」。

乙干化祿：主五術之財，技術之財，創意之財，企劃之財，平穩之財，不代表偏財、凡事按計畫進行，容易成功，帶有一點煩惱。

丙干化權：主動積極性強，機智反應快，舉一反三，能力強，馬上行動，天機可視為第二四天馬比較奔波勞碌，化權時主動積極，行動力強，工作上升遷快，講信守義。

丁干化科：平穩之財，有風度，有名望，有智慧，學習能力強，有藝術之天份，受人欣賞，企劃能力強，思惟細膩，能夠面面俱到，計畫之事大多被採用。

戊干化忌：負面思考，容易鑽牛角尖，不開朗的，想法比較極端，自尋煩惱，精神不集中，計畫之事與現實差異大，天機星又是第二四天馬，化忌易漂泊他鄉，四肢易有外傷或機械、車禍之傷害，若化忌在官祿宮時反而是一個很好的科技研發人才，有時候也會通靈或是直覺性強，凡事宜多修身養性。

太陽

特性：「光明正大」、「愚忠」、「富貴」、「作福他人」、「剛烈直爽」、「無私心」。

甲干太陽化忌：太陽星主男性，化忌則不利男性（父、夫、子），心情不穩定，容易生氣，要避免爭執，感情問題多，不利談感情，易有失戀現象，眼睛有疾，近視多，有失眠煩躁不安，在官祿宮化忌時職場工作不順心，阻礙多，變動大，功勞易被人搶走或是為人作嫁。若太陽星化忌逢天刑星，注意有官非或牢獄之災。

庚干太陽化祿：太陽化祿人緣好，名聲佳，人際關係好，官祿主化祿，在職場上奔波忙碌中得財，若有財帛宮可以賺大眾之財，但不一定守得住，因太陽星本身對金錢之控制力不夠，女命在子女宮，主有人緣佳，子好聰明有出息。

辛干太陽化權：主觀意識太強，親力親為，不太聽別人的建議，容易剛愎自用，官祿官化權，執行力強，變動也多、忙碌奔波而有收獲，會天馬時則出外或出國的機會大增。

武曲

特性：「勇武剛烈」、「田產財富」、「廟堂」、「轉換、轉變」。

甲干武曲化科：財務方面的管理很有能力，屬於專業人才方面，有名氣方有財，宜在銀行或金融界工作，平穩之財，存私房錢。若有煞星同宮時，則易有虛有其表。

己干武曲化祿：適合做生意，對於錢財的管理有一套，做事積極。武曲與貪狼同宮化權時，為商業奇才，生意人偏財運強，主橫發，發後宜守，若年紀太輕，則得而失之。

庚干武曲化權：脾氣較剛烈固執很有衝勁，不願受制別人，在職場上若是掌管財務方面，屬於專業能力很強，有偏財，資金調度週轉能力強，理財靈活，不存死錢。與文曲會合，能文能武之人才，較為孤傲，主觀意識更強烈。

壬干武曲化忌：個性較孤僻頑固，對事物的處置有過當，武曲為財星若化忌，財運不佳，易週轉不靈，調度困難，倒債多。與天刑同宮化忌易錢財糾紛而有官非，對錢財之運用則是保為主。若對宮有羊刃星多主意外、車禍之災多。

天同

特性：「有福氣」、「懶惰」、「喜勞心」、「靈感的」、「軟弱」、「等待」。

丙干天同化祿：對於物質上及精神上容易感到滿足，運氣佳，享受快樂，常有停留在想法上，實際推動力不足。在財帛宮時主賺輕鬆之財，或是有不勞而獲之財，適合大眾服務、餐飲業為佳。

丁干同化權：天同星本有懶惰、軟弱特性，化權時會轉為行動力，有開創新局面之能力，適合當單位主管，宜合夥創業，不宜自己創業，比較會安於現狀，反而會失去競爭力。

庚干天同化忌：天同本為福星，在化忌比較勞心、煩惱多，情緒起伏大，錢財管制力不佳，精神狀態差，易有暗痣，若在疾厄宮時，有菩薩心腸，易有頭暈現象，宜多注意身體，不可太過操勞。要注意有突發性之情緒。

廉貞

特性：「邪惡」、「桃色」、「奸詐狡滑」、「助長惡勢力」、「貞烈」、「固執」。

甲干廉貞化祿：交際應酬多，在工作職場能力強，在官祿可以從事異性事業，電腦、家電產品、農畜牧漁林業、養殖、外貿生意佳，常有意外或不勞之財。

丙干廉貞化忌：感情困擾多，桃花多，易因桃花糾紛而破財，事業不順利，墨守成規，不易改變，處處受限，發展不出去。工作上要注意紛爭問題及官非，遷移宮化忌與羊刃同宮多凶險，要小心車禍、官非，凡事多修心養性，要小心交友不慎。

太陰星

特性：「貞潔」、「潔癖」、「花酒」、「財富」、「田財」。

乙干太陰化忌：太陰星主女性，化忌時則不利女性，母、妻、女緣份薄，若疾厄宮時大多有婦女病、失眠、容易生氣現象等，田宅宮則有主房產及不動產多有變動。感情困擾多，財務調度不容易。

丁干太陰化祿：理財能力強，很有金融操作的概念，在田宅宮則是會有很多的房產，若從事不動產或房產則有得財現象，工作上以有店面最佳，以女性或與民生用品有關之產品能獲利，得女性之財，受母親之庇蔭。

戊干太陰化權：對於錢財或財務運作效率發揮最大，名下房產或不動產增加，在官祿宮時，對財務上的運作或調度是非常得心應手，若為女性則工作能力強，所謂女強人型，但多勞碌。

庚干太陰化科：理財規劃能力強，思惟細膩，多學多能，有名望、科名顯揚，可從事音樂、藝術、文教方面，易有財得。庚干太陰化科時，要意開刀或血光問題。

癸干太陰化科：理財規劃能力強，思惟細膩，多學多能，有名望、科名顯揚，可從事音樂、藝術、文教方面，易有財得。癸干太陰化科反而要注意桃花糾紛，有時會比較難解。

貪狼

特性：「慾望」、「物質」、「佔有」、「官非」、「邪惡」、「凶狼」、「爭烈」、「應酬」。

戊干貪狼化祿：八面玲瓏，處事圓融，擅於交際，人緣極佳，生意人，主藝術、技術方面之財，若與武曲同宮，主橫發，在三十五歲之前，不易守成，三十五歲之後可以守成。

己干貪狼化權：佔有慾強，行動力強，異性緣佳，做事比較務實。若貪狼化權與武曲化祿，主橫發且務實去執行，對賺錢之事很有興趣，易有橫財，發達後要守成。

癸干貪狼化忌：喜愛追求刺激，辛勞難免，貪迷酒色而招禍，不利於感情。若有煞星及桃花星，易有桃花引起糾紛而破財、官非之事。適合做現金生意、流水之財為佳。若潛修五術或修行，會有領悟。

巨門

特性：「猜忌」、「口舌」、「食祿」、「紛擾」、「易有官非」、「細心」、「辦才」、「善於分析」。

丁干巨門化忌：巨門星特性有猜忌、膽小，疑神疑鬼，講話會添油加醋，正面事情反為負面效果，在化忌時更是明顯，所以要注意口舌是非，講話不得體或莫明其妙的爭吵，辭不達意而在言詞上易得罪人。巨門化忌在田宅宮，要防小偷，與天刑同宮要注意因口而有官司或糾紛，宜多修身養性。

辛干巨門化祿：對自己有信心，有食祿，言辭表達得體，講話生動，反應快，有演說家魅力。在工作職場上人與人之間相處愉快，以口為主的行業佳，若與祿存及巨門化祿同宮時，主福份厚，食祿多。

癸干巨門化權：反應快，口才佳，說話有權威性，說話頭頭是道很有說服力，在官祿宮時喜掌權勢，分析能力強，要別人非聽他的話不可。有時太強勢，要防口舌之爭而傷和氣。

天梁星

特性：「長壽」、「逢凶化吉」、「清高」、「專制」、「不受束」、「醫藥」、「耿直」、「權謀」。

乙干天梁化權：處理事情的能力強，作風比較強勢，主觀強，做事有原則，擇善而固執。職場上適合從事主管職務，可升遷快。可以從事律師、法官，在公務機關工作為佳。

己干天梁化科：規劃能力強，學習力佳，適合學習五術、宗教、醫療等行業，聲名佳，升遷快，功成名就、有利考試。

壬干天梁化祿：易受長輩的提攜，宜從事共公事業或顧問行業為佳，易受長輩照顧，名聲顯赫，從事五術、醫療之財佳，公務人員收紅包易出紕漏。天梁化祿也會因財而煩惱之現象。

破軍

特性：「破損」、「消耗」、「賭博」、「投機」、「飄盪」、「膽大」、「懦弱」、「矛盾」。

甲干破軍化權：做事上有領導力，做事強勢，情緒變化大，不易得部屬之心。偏財運強，財富有橫發現象。不利感情，感情多爭執或爭吵，互不相讓。

癸干破軍化祿：做事上會比較有領導力，情緒的反應大，做事大多會出人意料之外，利武職的工作。有意外之財，衣食不缺，在感情上象徵破鏡團圓。適合在市場或比較吵雜地方賺錢為佳。

左輔星

特性：「實質上的幫助」、「義氣」、「忙碌」、「多助的」、「加強的」。

壬干左輔化科：左輔是有加強的特質，在官祿宮時讀書期間，課業重修，或是跨科選課多，有跨領域的現象，在職場上則有身兼數職。有實質上的幫助，在感情上問題多。

右弼星

特性：「精神上的幫助」、「感情」、「忙碌」、「多助的」、「加強的」。

壬干右弼化科：右弼是有加強的特質，在官祿宮時讀書期間，課業重修，或是跨科選課多，有跨領域的現象，在職場上則有身兼數職。有實質上的幫助，在感情方面困擾多。

文昌星

特性：「考試」、「功名」、「學習」、「顯現於外有實質的」。

丙干文昌化科：利於考試，金榜題名，學業成績好，可從事學術的研究，學習能力強，有名氣。

辛干文昌化忌：學習能力比較差，小心文書、契約、支票、背書、作保、證券方面易出問題，工作不順利，開車小心駕車易被開罰單，不適合到水邊玩水易有水厄。

文曲星

特性：「技藝」、「名氣」、「創作」、「隱藏於內精神上的」。

辛干文曲化科：有人緣、有氣質、有名氣，喜愛藝術及音樂方面，利於考試，學習能力強，學業成績好，金榜題名。

己干文曲化忌：學習及內化能力比較差，注意有口舌、文書、支票、契約、證券有糾紛或失誤，不宜擔保易出問題，開車小心駕車易被開罰單，不適合到水邊玩水易有水厄。

第三節
四化各宮表徵

命宮、福德宮四化

命宮與福德宮的論法大同小異，故放在一起解釋，仔細分則是在命宮是有表現於外的，也是綜合表現，而福德宮是屬於精神層面，也表示內心的想法，在論命時這二個宮位是要同時看。

化祿：代表有福氣，機會多，點子、創意多，遇事多有貴人出現，有偏財運，人際關較好。

化權：代表個性比較強，為人較霸道或霸氣，喜好發令，好爭辯，好勝心強，愛面子，多能握有權力，行動力強。

化科：代表個人有文學氣質，文質彬彬，學習能力強，多才多藝，考運、文筆極佳，企劃能力強。

化忌：代表阻礙多，為人作嫁，對於吉星優點部份會減弱其好的部份，對於凶星部份則會增加其缺點部份。

兄弟宮四化

化祿：代表易得兄弟姊妹、合夥人之幫助，以天機化祿入兄弟最為易得到幫助，若是兄弟宮有廉、破、貪化祿反而易受兄弟姊妹、合夥人之累。

化權：代表兄弟姊妹或是合夥人比較強勢，或是有關鍵技術等；若你本身縱使為老大，亦無法對兄弟姊妹有強烈之約束力，易有衝突或爭吵之事。若是合夥則觀念不同而有爭吵，宜多忍讓。

化科：代表你的兄弟姊妹、合夥人有名氣或是有文藝之才，若會吉星更顯名聲，若凶星坐破，多不得志。

化忌：代表你的兄弟姊妹會折損，二姓之兄弟特徵明顯，尤其兄弟姊妹超過三人時，此現象最明顯，若是合夥觀念差異大。

夫妻宮四化

化祿：代表配偶會有經濟自主能力，男性而言，妻子是一個職業婦女，或是配偶而因錢財

問題，感情產生變化或劇變。

化權：代表配偶感情會較主動，個性較強勢、霸道些，喜掌握權勢，遇事情時不同意見時，易產生爭執或衝突。

化科：代表感情上相見如賓，觀念較為相近，配偶大多有文藝之才，多學多能，配偶文筆或氣質出眾。

化忌：代表有聚少離多，或是感情波折多，對於加強所有星曜之缺點，優點部份不易展現。

子女宮四化

化祿：代表有子女後賺錢的機會多，若被宮氣所生時，因子女而進財。被宮氣剋制時，多因子女耗財。在職場之部屬有能力的人多。

化權：代表你不可太過於溺愛子女，否則易生惹禍之子女，或與子女較多的觀念不同，易有代溝。在職場上則部屬大多是有能力之人，常為意見而有爭論不休。

化科：代表你對子女的教育重視，子女可學到二種以上之藝能，有助其本身名望。在職場上你重視部屬的在職教育或進修。

化忌：化忌入子女，大多與子女緣薄，或是聚少離多，須防敗家之子。在職場上應注意你

的部屬，經常會有狀況或做錯事，也要注意被部屬出賣。

財帛宮四化

化祿：代表你賺錢的點子多，機會也多，財源廣進，若宮內有太陰星、天府星、武曲星最佳。

化權：代表你對錢財掌握度高，賺錢能力強，金錢使用效率最佳，在資金調度上靈活。

化科：代表你財進十分，出三分，理財或資金運用佳，對財務運規劃有一套。

化忌：代表你對錢財運用的概念差，容易耗損、破財，錢財運用效率差，易誤判形勢而有損失。

疾厄宮四化

化祿：主胃，亦代表是身體有疾病也很容易恢復，體質不錯。

化權：主肝，亦代表身體體質上比較強，身體機能不錯。

化科：主腎，注重養生之道，維持身體的機能。

化忌：代表體質比較差，身體經常會有問題，或是機能老化，抵抗力差，容易生病。

遷移宮四化

化祿：代表出外吉利，大多能心想事成，開展業務容易，機會多，財富大多有成。

化權：代表出外貴人多，有能人相助或是容易找到重要關鍵人物的協助，在外執行力強。

化科：代表出外有名氣，很適合遠地求學，或是在遠方學習。

化忌：代表破壞吉星之特性，多災，阻礙多，不適合到遠處做事或學習，在外不順利多。

朋友宮四化

化祿：代表與朋友多財物交往或是通財之義，能得知心友人，易得到朋友協助，人際互動佳，可經營粉絲方面事業。

化權：代表與朋友交往，點到為止即可，否則易反目，容易受別人影響。

化科：代表朋友在精神上的幫助居多，較無實質上幫忙。

化忌：代表交朋友要小心，須防朋友生異心相害，也代表你交的朋友不多，人際互動上差，不易得到別人認同，比較像現在的「宅男」或「宅女」。

官祿宮四化

化祿：代表你的工作能力強，學習能力強，工作上有熱情，創意多，吉，財源豐沛。

化權：適合主事，擔任主管職務，有領導能力或是在專業能力強，執行能力強，要求多。

化科：適合文職、企劃工作為佳，較有名氣，職場為幕僚之職，或是從事文教事業不錯。

化忌：破壞一切之星曜之優點，助長缺點，一般而言即是工作上阻礙多，在學習上不易吸收內化，職場上易為人作嫁。

田宅宮四化

化祿：代表你可以從事房產、不動產可獲利，也代表你的財庫大，可以累積大財富；或是累積不少的不動產或動產多。

化權：代表不動產產權宜在自己名下，或是繼承祖產、家產機會多，可以運用不動產或動產獲利，累積財富。

化科：代表你適合居住在文教區，或是家族是書香世家，對於房產或不動產的看法是比較保守。

化忌：代表你不利買賣房產或不動產，變賣祖產或產業，你的房產或不動產多變動，宜守。

父母宮四化

化祿：代表你與父母或長輩相處融洽，易得到長輩之助。在職場上則與上司相處愉快，多得長輩或上司之提拔。

化權：代表你的父母對你管教甚嚴，或是家教嚴，容易與父母有代溝。在職場上與上司多有爭辯，或是要求多。

化科：代表父母多有名望，也多精神支持。在職場你的上司大多是有名氣，或是你的公司是有名氣之公司。

化忌：代表在父母宮之吉星星曜多為化忌所破壞，易有是非，與父母親聚少離多。不易得到父母或上司的協助或是無能力協助你。

第五章

四化疊宮應用概說

在第四章第一章介紹四化星基本原則，本章節主要說明是各宮四化飛至各宮的關係，第一節是以命宮宮干四化飛到各宮的變化，第二節是財帛宮宮干四化飛到各宮的變化，第三節是官祿（事業）宮宮干四化飛到各宮的變化。由於篇幅限制，以這三個宮來討論，其他各宮沒有說明並不是不重要，請讀者自己練習演繹，才知道自己問出在哪裡，知道了問題改善問題，接下來就是實地的練習掌握重點，很快就能上手。

本章節所討論的以宮職飛到各宮職四化之祿、權、科、忌之說明，宮職到各宮職，可以稱為「四化疊宮」。要如何來解釋四化所關聯的宮職？關聯的宮職可以分為「人」的部份、「事」的部份、「物」的部份、「疾厄」的部份，各部份之內容請參考第三章第一節之分類，以「人」的部份與人的部份做整合。主要重點是「化祿」是得到之意，從何人得到；「化權」表示權力所在的位置；「化科」表示考試、關心之意；「化忌」表示失去、虧欠之意。再加上星曜四化之解釋，就可以完整表達。剛開始時會有很多問題，多練習掌握重點，就可以上手了。

本章所討論之四化飛到各宮職，單以疊宮方式討論，不討論在各宮職內有先天四化或是有其自化現象，先了解宮職與宮職關係，再進階分析在各宮職內有其他內化星之變化，有時會產生相反的變化，到進階時再介紹其變化規則。若你對其他宮位之四化疊宮變化不了解，可以到「星鑰排盤」https://meen.tw 紫微斗數工具網租用星曜論斷功能，內容是筆者所分析，包含了各宮之星曜、四化星解細解說，協助學習上了解。

第一節

命宮飛化各宮表徵

命宮宮干化祿在命宮：

命宮化祿在命宮，一般稱為自化祿，以 https://meen.tw/ 紫微斗數排盤軟體，表示紅底白字為自化祿。

命宮自化祿對自己很有信心，創意多、靈感多、想法多，一生之中機會多，對人生則是樂觀進取，獨立自主，人緣頗佳，運途順遂，心想事成，凡事都能逢凶化吉。

命宮宮干化權在命宮：

命宮化權到命宮（宮干之四化入本宮之星曜，稱為自化），一盤稱為自化權，在本書所採用的排盤軟體顯示自化權顏色為紫底白字。命宮自化權表示對事物喜愛掌控，主觀意識比較強烈，不易接受別人的意見，凡事都會事必躬親，執行力強，一般經常聽到一句話「集權」來形

容，權力慾望比較強，有時候會表面上沒有，要做何任事時，都要告知才行。

命宮宮干化科在命宮：

命宮化科在命宮，一般稱為自化科，在排盤軟體顏色顯示為藍底白字。

命宮自化科表示考運佳文筆好，對事物體會有獨到的想法，會因文采而有名氣，注重自己名譽，學習能力強，多學多能，企劃能力強。

命宮宮干化忌在命宮：

命宮化忌在命宮，一般稱為自化忌，在排盤軟體顏示自化權顏色為茶綠色底白字。

命宮自化忌表示這一生之中比較辛苦，想法悲觀、壓力大，運氣不順遂，阻礙是非多，多犯小人，所做的事情的功勞容易讓別人拿走，為他人建功，或是較為勞碌、煩惱、操心事多。

命宮宮干化祿在兄弟宮：

命宮四化之化祿到兄弟宮，表示這一生之中多得到兄弟姊、同事、合夥人或同學的幫助，在感情方面則與兄弟姊妹、同事或同學的感情很好，對你有很多的有實質的幫助，亦是你的貴人。

命宮宮干化權在兄弟宮：

命宮四化之化權到兄弟宮，表示你有事情大多會請教你的兄弟姊妹、同事或同學，平時你也比較尊敬你的兄弟姊妹、同事或同學，你會感到他們會比你有才幹及能力，兄弟姊妹常過問你的事情。若在職場上你的合夥人比較有核心技術或是掌握重要資源。

命宮宮干化科在兄弟宮：

命宮四化之化科到兄弟宮，表示你與你的兄弟姊妹、同事或同學之間的感情很好，相互之間關懷，兄弟姊妹、同事或同學很有緣份，相互的關切，都能相互幫助。

命宮宮干化忌在兄弟宮：

命宮四化之化忌到兄弟宮，表示你對兄弟姊妹、同事或同學付出比較多，獲得回報很少，容易被拖累，兄弟姊妹、同事或同學對你幫助很少，負面的事物大於正面的事。

命宮宮干化祿在夫妻宮：

命宮四化之化祿到夫妻宮，表示你很容易得到異性朋友的好感，也容易得到異性朋友的協助，夫妻的感情很好。結婚後才開始會存錢，配偶也會帶財來給你，對你的幫助很大。

命宮宮干化權在夫妻宮：

命宮四化之化權到夫妻宮，表示非常的尊敬你的配偶或異性朋友意見，男性一般而言就是「懼內症」，女性則是唯夫命是從，一些大小事情由配偶說了就算。

命宮宮干化科在夫妻宮：

命宮四化之化科到夫妻宮，表示你與配偶或異性朋友感情很好，相見如賓，對你很關心，配偶或所交往的異性大多是有氣質之人，文筆不錯，有才藝。

命宮宮干化忌在夫妻宮：

命宮四化之化忌到夫妻宮，表示你對配偶或異性朋友，付出多而沒有相對的回報，會因小事經常有意見不合或不協調，生活習慣與思想觀念不被對方所接受，爭執不斷在所難免。

命宮宮干化祿在子女宮：

命宮四化之化祿到子女宮，表示你與子女、部屬的感情很好，在職場上則會有很好的部屬，部屬也會為你賺到錢。你有了兒女時，才會慢慢的賺錢。

命宮宮干化權在子女宮：

命宮四化之化權到子女宮，表示你對子女寵愛，子女長大後比較會管你，子女的個性比較自我，自主性較強。若在職場上你的部屬大多是有能力，易有衝突，也不易管理。

命宮宮干化科在子女宮：

命宮四化之化科到子女宮，表示你子女大多是多才多藝，學習能力強，好學有氣質，與子女互動關係很好。職場上你的部屬關係佳，都能相互體諒。

命宮宮干化忌在子女宮：

命宮四化之化忌到子女宮，表示你與子女的親情淡薄，較無緣，容易產生代溝，叛逆性強，不受教等，或是小孩與你聚少離多。職場上的部屬觀念差異很大或是相處上不易有默契，部屬也容易狀況多問題多，或是得力的部屬不多。

命宮宮干化祿在財帛宮：

命宮四化之化祿到財帛宮，表示你賺錢想法多，財源廣進，有進財現象，一生之不會為錢財而傷腦筋，也表示你的賺錢能力強。換言之你對市場賺錢的風向很多敏銳性強，賺錢的機會多，若是在從事業開發則一位高手。

命宮宮干化權在財帛宮：

命宮四化之化權到財帛宮，表示你對經濟方面有掌控大權，凡事錢財上進出的管理或管制，你說就算數，對錢財的使用方法，運用效率或邊際效益達到最大，對錢財管理比較務實。

命宮宮干化科在財帛宮：

命宮四化之化科到財帛宮，表示你善於理財，對於投資理財概念或吸收金融商品理解力

強，錢財調度也很有一套，屬於精算型，一生之中收入平穩有盈餘。

命宮宮干化忌在財帛宮：

命宮四化之化忌到財帛宮，表示你理財能力或管制很差，花錢無節制，身上有錢不知為何又要支出，經常找錢，有寅吃卯糧，入不敷出現象，對錢財的使用效率比較差，或是對錢比較不在乎，好聽一點把錢看的比較開，不計較。

命宮宮干化祿在疾厄宮：

命宮四化之化祿到疾厄宮，表示你身體良好，體質不錯，即使生病也比較容易快好。平時會注意養生，對身體好的事情都會優先考處，對自己的身體比較照顧，即是生病都會找到好的醫生來治療。

命宮宮干化權在疾厄宮：

命宮四化之化權到疾厄宮，表示你的身體比較硬朗，比較沒有什麼太多的疾病問題，若有身體有疾病經常拖到最後才去就醫，在一般的說法就是很「耐操」型的人，只要體力負荷的了都會撐下去。

命宮宮干化科在疾厄宮：

命宮四化之化科到疾厄宮，表示你經常過渡關心你的身體情形，反而造成精神上勞累，若身體有疾病經常會延一下才會好，縱有疾病則會化險為夷。

命宮宮干化忌在疾厄宮：

命宮四化之化忌到疾厄宮，表示你先天體質比較弱，或是體力差，經常生病，例如流行感冒時，你比較容易得到流感等。也容易得到家族的遺傳疾病，縱然無大病，亦有暗疾纏身，宜多注意身體保健，環境適應力不佳。

命宮宮干化祿在遷移宮：

命宮四化之化祿到遷移宮，表示你個性比較外向活潑，與人交往很快的打成一片，外出或是在外也容易到得貴人幫助，事物處理多為順利。適合在外發展，對業務的開展也比較能得心應手，機會多。

命宮宮干化權在遷移宮：

命宮四化之化權到遷移宮，表示你個性比較外向活潑，對於外出行程安排都要詳細研究。若在外工作或求學大多不假手他人，凡事都要自己來處理，做事也是非常有原則。

命宮宮干化科在遷移宮：

命宮四化之化科到遷移宮，表示這一生之中，你的名氣會在外打響名號，或是聲名遠播，常有貴人的提攜，易受別人的賞識。也適合在外的學習，也容易遇到名師指點。

命宮宮干化忌在遷移宮：

命宮四化之化忌到遷移宮，表示你不適合遠離出生地發展，或到遠地工作，若你在外工作或處理事物較為不順利，亦勞碌奔波，難有成就，或對環境適應力比較差。

命宮宮干化祿在朋友宮：

命宮四化之化祿到朋友宮，表示你大多容易得到朋友或貴人的幫助，人緣很好，亦會與你有金錢上的往來。若是演藝人員則是眾緣好，有很多粉絲，適合經營社團、論壇等。

命宮宮干化權在朋友宮：

命宮四化之化權到朋友宮，表示你朋友是很有才華及能力，或是重要的決策人物，若有問題大多會請教專家學者，比較容易相信朋友所說的話。

命宮宮干化科在朋友宮：

命宮四化之化科到朋友宮，表示你朋友多，大多在專業上有名氣，朋友的文筆很好，交往

的朋友多能長久，朋友與你交往都屬於君子之交。

命宮宮干化忌在朋友宮：

命宮四化之化忌到朋友宮，表示你這一生之中大多為朋友事奔波，朋友有難你必鼎力相助，但朋友對你的助益很少，甚至於卻得不到朋友的幫助，有時朋友幫倒忙，損友多。

命宮宮干化祿在官祿宮：

命宮四化之化祿到官祿宮，表示你在做事有能力，創新能力很強，學習能力佳，工作順利有衝勁、有動力，易有進財或加薪的現象。在職場上在業務推展都能得心應手。

命宮宮干化權在官祿宮：

命宮四化之化權到官祿宮，表示你在工作上很順利，有升遷或擔任主要職務，凡事親力親為，在職場你都能掌握到競力的核心，是一個重要的核心人物。

命宮宮干化科在官祿宮：

命宮四化之化科到官祿宮，表示你在讀書階段功課很好，學習能力很強，若有考試則是會有很好的升遷機會，工作上則你的名氣會高，較注重長期規劃，未來是一位有名氣之人。

命宮宮干化忌在官祿宮：

命宮四化之化忌到官祿宮，表示你在工作上有許多的波折及不順利、勞碌，學習或工作比較抓不到重點，經常自己努力很久，功勞卻是別人的，有時是吃力不討好，內心產生易有不平衡現象，創業或換工作都不宜。

命宮宮干化祿在田宅宮：

命宮四化之化祿到田宅宮，表示你這一生之中會購置不動產或動產的現象，或是傳承祖業等，或從事不動產的買賣事業會獲利，容易繼承到祖產的現象。

命宮宮干化權在田宅宮：

命宮四化之化權到田宅宮，表示你這一生之中容易得繼承到祖產，或傳承祖業，或是不動產或動產可登記在你名下為宜。或是傳承家族的技藝等。

命宮宮干化科在田宅宮：

命宮四化之化科到田宅宮，表示你對居住環境比較注重，生活品質要求高，適合居住在學校或文教區附近，或是家族是書香世家。

命宮宮干化忌在田宅宮：

命宮四化之化忌到田宅宮，表示你這一生之中會有變賣房產或抵押，不適合不動產或動產的買賣，或是家族家道中落。你對環境適應力不佳，例如到某一個地方，你的適應期比較長。

命宮宮干化祿在福德宮：

命宮四化之化祿到福德宮，表示你比較注重享受樂觀，有福氣，遇事多貴人來幫助你，多有偏財運，點子多，不論是想法或創新事物都有很多的靈感，大多會心想事成。

命宮宮干化權在福德宮：

命宮四化之化權到福德宮，表示你比較霸道，主觀意識強烈，依自己想法來做事，喜好發好司令，大多能掌實權，有很多事情比較放心不下，掛在心裡，一定要安排好才可以。

命宮宮干化科在福德宮：

命宮四化之化科到福德宮，表示你容易接受新觀念或想法，比較能順應潮流，思路廣，文筆、才藝佳，學習能力強，給人感覺是有氣質飽學詩書，有內涵。

命宮宮干化忌在福德宮：

命宮四化之化忌到福德宮，表示你思考事物大多是從負面思考，對人生抱者悲觀主義，做

事情多有延誤或誤判的現象，果斷的能力很差猶豫不決，多操勞煩心。

命宮宮干化祿在父母宮：

命宮四化之化祿到父母宮，表示你多得父母及長輩的幫助或提攜，與父母的相處很融洽，在職場易得上司賞識或提攜，易獲得長輩、上司的資源協助。

命宮宮干化權在父母宮：

命宮四化之化權到父母宮，表示你父母對你的期望高，管教嚴格，或是父母、長輩較有權威，也易有代溝，與父母親或長輩比較衝突，父母親是一個比較強勢的人，長輩認為你是一個不受教之人。在職場上司比較強勢，對你的要求多，主管較強勢，觀念上會有差異。

命宮宮干化科在父母宮：

命宮四化之化科到父母宮，表示你容易得到父母、長輩的關心，與長輩互動關係良好，父母親給人的感覺是德高望重。在職場上得到上司的關懷及照顧。

命宮宮干化忌在父母宮：

命宮四化之化忌到父母宮，表示你與父母親聚少離多，與父母親在思想多有代溝，父母喜歡嘮叨，父母對你無實質幫助，或是無能力來協助你。在職場上不易得到上司的關懷及支援。

第二節

財帛宮飛化各宮表徵

財帛宮宮干化祿在命宮：

財帛宮四化之化祿到命宮，表示你這一生之中你的財運佳，不缺金錢使用，你的錢財運很強，心想事成，只要你想到則就會賺到錢，一般可以稱為「帶財」之人。

財帛宮宮干化權在命宮：

財帛宮四化之化權到命宮，表示你對錢財管理是井井有條，金錢使用方法比較務實且實際，適合擔任財務的主管，在財務上可以運用自如，比較像投資者，會把錢運用效率最大化。

財帛宮宮干化科在命宮：

財帛宮四化之化科到命宮，表示你善於理財，對於理財的新知識吸收很快，理財的觀念很新潮，理財投資有一套，尤其是有口金融衍生商品。可從事教學或金融分析方面的工作佳。

財帛宮宮干化忌在命宮：

財帛宮四化之化忌到命宮，表示你對金錢的概念差，金錢使用效率底，口袋裏不可放太多的錢，有多少錢花就多少錢，不會有剩餘的金錢。最好交給可靠的人幫你理財為上策。

財帛宮宮干化祿在兄弟宮：

財帛宮四化之化祿到兄弟宮，表示你金錢往來或財務方面，大多由兄弟姊妹、合夥人來支援你。若你要投資、募資可以向你的兄弟姊妹、同事、同學或合夥人，成功機會大。

財帛宮宮干化權在兄弟宮：

財帛宮四化之化權到兄弟宮，表示你會財務方面問題交由兄弟姊妹、合夥人管理，在做財務投資時，大多會聽兄弟姊妹或合夥人的意見，而來決定財務投資或管理。

財帛宮宮干化科在兄弟宮：

財帛宮四化之化科到兄弟宮，表示你財務運用大多會請你的兄弟姊妹、合夥人替你規劃財務事宜。

財帛宮宮干化忌在兄弟宮：

財帛宮四化之化忌到兄弟宮，表示你兄弟姊妹或合夥人向你借錢的機會多，大多不會還你。你也會為照顧兄弟姊妹而有花錢，或是缺錢時，你給兄弟姊妹錢使用。

財帛宮宮干化祿在夫妻宮：

財帛宮四化之化祿到夫妻宮，表示你結婚後才開始有積蓄，配偶是個「帶財」之人，或配偶替你理財方可存到錢財，結婚後方能累積財富。或是易得配偶在金錢上支持你而成功。

財帛宮宮干化權在夫妻宮：

財帛宮四化之化權到夫妻宮，表示你結婚後，財務大事交由配偶管理，你在金錢上使用，大多會受到配偶管制，家裡大小財務收支進出由配偶管理及分配。宜注意在感情上會因錢而有爭吵。

財帛宮宮干化科在夫妻宮：

財帛宮四化之化科到夫妻宮，表示你配偶很有理財及規劃概念，配偶在金錢運用上，重視長期規劃、保守，屬細水長流，量入為出；對於有品牌或有質感的物品有偏好。

財帛宮宮干化忌在夫妻宮：

財帛宮四化之化忌到夫妻宮，表示你會為配偶花錢方面的管制力很差，或是花錢很大方，所賺的錢配偶會亂花費。宜注意這一生之中易因感情而被騙財。

財帛宮宮干化祿在子女宮：

財帛宮四化之化祿到子女宮，表示你有了子女後才會慢慢有累積錢財，方能存住錢財，你的兒女是「帶財」給你。注意不要因財而出賣自己的身體，或是虛榮心強。在職場上你的部屬都是你的好幫手，會幫你賺錢。

財帛宮宮干化權在子女宮：

財帛宮四化之化權到子女宮，表示你子女對理財很有概念，可在財務、金融方面發展為佳，你也會把財產繼承給你的子女，但不可以用錢養成壞習慣。在職場上你的部屬都能獨當一面。

財帛宮宮干化科在子女宮：

財帛宮四化之化科到子女宮，表示你會為子女在理財規劃出一條路，讓子女對理財很有概念，培養其興趣。注意不要有不正當的賺錢的念頭。

財帛宮宮干化忌在子女宮：

財帛宮四化之化忌到子女宮，表示你很捨得為子女花錢，不計較其花費，也會為子女花了不少冤枉錢，多留意你的子女會敗光你的錢財，注意因色而有損財的現象。在職場上要多注意部屬會有捲款而逃的事情。

財帛宮宮干化祿在財帛宮：

財帛宮四化之化祿到財帛宮，一般通稱財帛宮自化祿，表示你這一生之中錢財滾滾而來，不會為錢而煩惱，即是有也是短暫，賺錢的機會很多，要把握機會，不可錯失良機。

財帛宮宮干化權在財帛宮：

財帛宮四化之化權到財帛宮，一般稱為財帛宮自化權，表示你對錢財的掌握度高，對錢也看的比較重，對財務上運用效率高，不會有閒錢，在職場適合擔任財務、金融部門的主管。

財帛宮宮干化科在財帛宮：

財帛宮四化之化科到財帛宮，一般通稱財帛宮自化科，表示你對金融新知識及新觀念吸收能力強，在理財方面非常有概念且方法很特別，錢財的調度或運用財務槓桿得心應手，一般而言比較喜歡細水長流的財。

財帛宮宮干化忌在財帛宮：

財帛宮四化之化忌到財帛宮，一般通稱財帛宮自化忌，表示你對財務或金融方面的管理很差，或有入不敷出的現象，不知不覺而有損失或花掉，防不勝防，為錢財而煩惱多。可以找個可靠的人幫你理財為宜。

財帛宮宮干化祿在疾厄宮：

財帛宮四化之化祿到疾厄宮，表示你會選擇賺錢比較輕鬆的工作來做，太勞累賺錢的工作比較不喜歡，換言之，喜歡賺輕鬆之財，或是在別人眼中會認為是賺錢很容易。

財帛宮宮干化權在疾厄宮：

財帛宮四化之化權到疾厄宮，表示你會為賺錢不顧自己的身體狀況，硬撐下去，為錢而拖跨自己的身體，一直到身體受不了為止，累勞過度，在一般現代人所謂「拼命三郎」、「很耐操」，注意不要太「過勞」情形，要注意身體。

財帛宮宮干化科在疾厄宮：

財帛宮四化之化科到疾厄宮，表示你很重視自己的健康，平時會注意自己的健康、養生而花錢機會多，你也有會為錢財而煞費苦心，精神耗費很大，睡眠品質變的不好。

財帛宮宮干化忌在疾厄宮：

財帛宮四化之化忌到疾厄宮，表示你的錢財大多花費在自己的養生或疾病上。要注意工作上之安全，有時為了想賺更多的錢財，反而累垮自己的身體，花更多錢在自己的身體健康上。

財帛宮宮干化祿在遷移宮：

財帛宮四化之化祿到遷移宮，表示你要離開出生地到遠方才能賺比較多的錢，或是做異地生意，在外能得到貴人提攜與協助，而有得財或是資金挹注的現象。

財帛宮宮干化權在遷移宮：

財帛宮四化之化權到遷移宮，表示你一生之中為錢奔波勞碌，錢賺得多，離開出生地賺比在出生地機會多，出外工作若能在財務或金融部門工作，可擔任主要的職務，或經常出外稽核財務方面的工作。

財帛宮宮干化科在遷移宮：

財帛宮四化之化科到遷移宮，表示你對財務方面的規劃能力強，國際金融事務會有特別的敏銳，或是遠方資金調度能力佳，若出外工作若能在財務或金融部門工作，計畫大多會別人所採納。

財帛宮宮干化忌在遷移宮：

財帛宮四化之化忌到遷移宮，表示你這一生之中不宜離開出生地或外地工作賺錢，在外工作會因財務問題而出狀況，或是遠方資金調度不易，或錢財容易有遺失或失竊的現象。

財帛宮宮干化祿在朋友宮：

財帛宮四化之化祿到朋友宮，表示這一生之中常會受到朋友的幫助，與朋友在財務上的往來比較頻繁，以求財而言，適合做門市或大眾市場為佳，或經營粉絲、社團、論壇等，方可賺到錢。

財帛宮宮干化權在朋友宮：

財帛宮四化之化權到朋友宮，表示這一生之中在錢財或財務上，大多會由你的朋友幫你理財（專家或專業機構理財），靠朋友介紹賺錢，例如有個物品靠朋友的關係而完成交易，你會給朋友一些佣金的現象等。

財帛宮宮干化科在朋友宮：

財帛宮四化之化科到朋友宮，表示你財務規劃會請朋友或專業人士替你規劃，交往的朋友以財務、金融及財經界較多。可以從事財規劃或與金融有關之行業。

財帛宮宮干化忌在朋友宮：

財帛宮四化之化忌到朋友宮，表示你對朋友相當好，朋友有難你會以財務、錢財方面協助，與朋友在金錢上的往來，大多出問題，注意會為錢而傷友誼或易受騙。

財帛宮干化祿在官祿宮：

財帛宮四化之化祿到官祿宮，表示你這一生之中的財務來源，大多是在正職而獲得，所以事業或工作上發展愈好，財富相對多，或因投資其他行業而有獲利，對於賺錢時機掌握準確的能力強。

財帛宮干化權在官祿宮：

財帛宮四化之化權到官祿宮，表示你職場上實際管理財務之人，或是在財務管理或是金錢掌握上方面，會擔任很重要的角色，其表現非常的出色，財務或金錢的運用注重效率。

財帛宮干化科在官祿宮：

財帛宮四化之化科到官祿宮，表示若你在事業是規劃財務之人，會是一個很稱職的工作，形象很好，名氣如日中天，若從金融財務方面的規劃調度能力佳，或是財務槓桿運用是一位很好的人才，重視細水長流的財。

財帛宮干化忌在官祿宮：

財帛宮四化之化忌到官祿宮，表示這一生之中你不適合投資事業上或工作上，會得不到回收，錢財的事物對你造成很大困擾，財務運用易判斷錯誤，易有週轉不靈，而倒閉的現象。應提高防範，宜謹慎。

財帛宮宮干化祿在田宅宮：

財帛宮四化之化祿到田宅宮，表示你這一生之中可從不動產或動產方面獲利致富機會大，可以從事房地產買賣或仲介，或有關房地產相關行銷。適合投資在不動產或動產。

財帛宮宮干化權在田宅宮：

財帛宮四化之化權到田宅宮，表示你這一生之中會購買不動產或動產機會多，會有不少財富，不動產或動產的資產會大於你的現金，資金大多會投資在房產或其他資產上運用多。

財帛宮宮干化科在田宅宮：

財帛宮四化之化科到田宅宮，表示你適合房地產的設計規劃，你的資金規劃大多是在房產或動產上，以長期投資規劃多，對於居住品質及生活空間設計很有概念。

財帛宮宮干化忌在田宅宮：

財帛宮四化之化忌到田宅宮，表示你不適合投資房地產或不動產方面，若投資容易發生錯誤評估以致虧錢，也會為房子或土地會花不少錢在維修。對錢財使用比較無概念，錢財大多無法存起來。

財帛宮宮干化祿在福德宮：

財帛宮四化之化祿到福德宮，表示你對賺錢方式上很靈活，反應快，賺錢點子多，也很容易賺到錢，在投資上很有一套，滿腦子一直想要賺錢，有賺錢的機會一定會把握。

財帛宮宮干化權在福德宮：

財帛宮四化之化權到福德宮，表示你對錢財方面比較看保守，錢要入袋為安，想法比較務實，錢財運用要發揮最大的效益，不會亂花錢，用錢謹慎，節儉持家，錙銖必較。

財帛宮宮干化科在福德宮：

財帛宮四化之化科到福德宮，表示你對於財務規劃及運用，相當有一套，財務或是金融操作上很有概念，注重長期績效，也常會為錢財運用或調度而會傷腦筋，造成睡眠不足。

財帛宮宮干化忌在福德宮：

財帛宮四化之化忌到福德宮，表示你對錢財比較大方，花錢不計較，喜歡就會買，注重享受，比較會亂買東西，花完再說。對錢財的方式規劃不佳，會造成你經常四處找錢，為錢而煩惱。

財帛宮宮干化祿在父母宮：

財帛宮四化之化祿到父母宮，表示你金錢大多來自父母親、長輩，或是由長輩提拔、介紹

而有得財的現象。在職場上易得到上司、客戶的協助及幫忙，而長輩、上司就是你的貴人，若要公司上市募資，成功機會大。

財帛宮宮干化權在父母宮：

財帛宮四化之化權到父母宮，表示你所賺的錢，大多要交由父母親替你管理或保管，父母親對你的財務運用管的比較緊。若在職場方面則上司對你的預算控管比較嚴，產品方面大多是買方市場。

財帛宮宮干化科在父母宮：

財帛宮四化之化科到父母宮，表示你父母親會替你規劃財務的方向，及未來財務方面運用，屬於計畫性用錢，注重長期資金規劃或計畫。

財帛宮宮干化忌在父母宮：

財帛宮四化之化忌到父母宮，表示你所賺的錢財大多會給父母親，或是在父母親的身上照顧或花費不少。職場上績效表示不被上司肯定，或是客訴事多。

第三節

官祿宮飛化各宮表徵

官祿宮宮干化祿在命宮：

官祿宮四化之化祿到命宮，表示你的工作能力強，創新力強，想法多，大多屬於白手起家的，凡事都靠自己，事業方可有成，可自行創業，若是求職者，大多是事求人多。

官祿宮宮干化權在命宮：

官祿宮四化之化權到命宮，表示你工作能力很強，對工作的執行效率要求高，控制慾也強，主觀意識強，在專業上不容讓人懷疑。在職場上會讓人感到這個人很霸道、固執，執行力強，適合在第一線工作。

官祿宮宮干化科在命宮：

官祿宮四化之化科到命宮，表示你工作性質比較偏向幕僚人員，大多屬思考性、計畫性、

學術性的工作比較多，喜歡吸收新知識，對於專業技術知識是很充足的。

官祿宮宮干化忌在命宮：

官祿宮四化之化忌到命宮，表示你自己在工作上易疏忽而經常出問題，做法經常不為別人所接受，凡事在事前多思考要多注意將問題降到最低，不可自行創業。在職場上要多控制自己的職場情緒，少抱怨為宜。

官祿宮宮干化祿在兄弟宮：

官祿宮四化之化祿到兄弟宮，表示你這一生之中在事業上受到你的兄弟姊妹、同學影響很大，或是工作是由兄弟姊妹來介紹居多，可與兄弟姊妹、同學、同事一起創業，若自己創業金錢部份大多由兄弟姊妹來支援。

官祿宮宮干化權在兄弟宮：

官祿宮四化之化權到兄弟宮，表示你的工作大多是兄弟姊妹來安排為多，與兄弟姊妹或同事、同學一起工作機會多。合作創業，在專業技術、核心技術大多會在兄弟姊妹或合夥人。

官祿宮宮干化科在兄弟宮：

官祿宮四化之化科到兄弟宮，表示你在工作職場上與合夥人或同學、同事相處愉快，相互幫忙。你的兄弟姊妹也會給你在工作上的建議或引導，精神上支持你。

官祿宮宮干化忌在兄弟宮：

官祿宮四化之化忌到兄弟宮，表示你這一生之中工作職場上容易受到合夥人、同事所拖累。不宜和兄弟姊妹合夥事業或同一職場工作，也容易會被兄弟姊妹所拖累，或是你工作支援的伙伴而影響績效不佳，或是狀況多。

官祿宮宮干化祿在夫妻宮：

官祿宮四化之化祿到夫妻宮，表示在這一生之中事業上易受到配偶的支持，尤其是在資金上的幫助非常的大，或是共同創業，或是在職場表現優異。很容易在工作職場或工作關係認識而結婚，或是同企業工作機會多。

官祿宮宮干化權在夫妻宮：

官祿宮四化之化權到夫妻宮，表示你的配偶或異性朋友，是影響事業發展主要的人，或是主導、安排事業的發展，或是配偶的事業心強。若是夫妻共同創業，則配偶是主要掌管主要運作，重要決定都要由配偶來拍案決定。

官祿宮宮干化科在夫妻宮：

官祿宮四化之化科到夫妻宮，表示你工作職場與異性朋友相處愉快，同事或合夥人都會支援你，異性朋友或配偶給你很多的建議及方向，或是配偶易在學術性、教育方面工作機會多。

官祿宮宮干化忌在夫妻宮：

官祿宮四化之化忌到夫妻宮，表示不宜與你的配偶共同創業，若共同創業反而影響發展，或是對你的職場工作有很多意見；異性朋友或配偶不宜介入你工作方面事務，容易出問題，亦會為你工作的問題而起爭執。

官祿宮宮干化祿在子女宮：

官祿宮四化之化祿到子女宮，表示你在這一生之有了子女後，事業才會蒸蒸日上，子女會繼承你衣缽，或是獨立性強。在職場上的部屬能力強，個個都是人才，都能撐起一片天來。

官祿宮宮干化權在子女宮：

官祿宮四化之化權到子女宮，表示在這一生之中你有了子女後，你在事業或工作上，才會擔任主要的職務或角色，子女也會繼承事業或是技藝。在職場上你的部屬能力強，與你會因工作上而有衝突或爭議。

官祿宮宮干化科在子女宮：

官祿宮四化之化科到子女宮，表示你有了子女後，在事業上才會展露出頭角，子女易受到你的事業影響很大，子女適合學術、文教方面發展。在職場上你的部屬大多是屬於幕僚型的人才比較多，善於企劃與規劃方面的人才。

官祿宮宮干化忌在子女宮：

官祿宮四化之化忌到子女宮，表示你的子女不喜歡繼承你的事業，或是沒有能力繼承，或因子女關係工作而有變動，子女在學習階段阻礙多，或是學習效果不好，未來工作方向而有變動或與你所從事的行業不同。在職場你的部屬對你的幫助不大，反而需要你的支援，要注意部屬常出錯。

官祿宮宮干化祿在財帛宮：

官祿宮四化之化祿到財帛宮，表示這一生之中在職場工作非常注重獲利情形或是績效表現，所從事之工作大多是賺錢的工作，很適合自己創業，或是大機構之主要決策者，有進財的現象，大吉。

官祿宮宮干化權在財帛宮：

官祿宮四化之化權到財帛宮，表示你在工作職場上對於獲利能力，作法比較務實，在職場上可以擔任財務或與金融有關方面主管或重要職務，或是對財務有重要的決策人物，要注意不要因工作上財務方面問題而起爭執。

官祿宮宮干化科在財帛宮：

官祿宮四化之化科到財帛宮，表示你對於在職場所接觸有關財務或金融有關的知識吸收廣泛，喜長期規劃細水長流，在職場上可以發揮很好的規劃長才，可擔任財務管理的幕僚或規劃的工作為宜。

官祿宮宮干化忌在財帛宮：

官祿宮四化之化忌到財帛宮，表示你所投資的事業大多是虧損累累，經常會誤判，於投資理財方面宜守不宜攻。不適合在職場財務或金融方面的工作為宜。

官祿宮宮干化祿在疾厄宮：

官祿宮四化之化祿到疾厄宮，表示你比較喜歡在職場選擇比較輕鬆的事情來做，或是職場上經常有比較沒有壓力工作分派給你，給別人感覺是你的工作是輕鬆愉快的。若自己創業也會選擇比較相對輕鬆的工作來做。

官祿宮宮干化權在疾厄宮：

官祿宮四化之化權到疾厄宮，表示你在工作職場是屬於「拼命三郎」型的人，做一件事會貫徹到底去執行，事必躬親，要注意容易得到職業病，多注意健康不要因工作而影響健康。

官祿宮宮干化科在疾厄宮：

官祿宮四化之化科到疾厄宮，表示你太在意職場工作的成效，容易造成你的精神壓力過大，若是職場上有屬於思考型工作，易有過度的勞累，而會有神經衰弱的現象。

官祿宮宮干化忌在疾厄宮：

官祿宮四化之化忌到疾厄宮，表示你在職場的競爭力不佳，學習的領悟力比別人慢，讀書期間精神不易集中，功課不佳，在職場上容易引起職業性病痛或災害，或是持續力不足，平時多注意身體的保養。

官祿宮宮干化祿在遷移宮：

官祿宮四化之化祿到遷移宮，表示你這一生之中職場工作或讀書，大多在外地時間多，在外地發展佳，或是工作性質大多是屬在外經常移動或遷動的現象，愈是經常跑動，如空中飛

人，反而容易進財的現象。若固定在一個地方，反而發展受限。

官祿宮宮干化權在遷移宮：

官祿宮四化之化權到遷移宮，表示你在工作上是屬於喜歡到現場或第一線了解實務做法，屬於走動勢管理，你工作上屬性是移變動性質的，不喜歡在一個固定地方，愈往外愈有利，愈能擔任主要的職務。

官祿宮宮干化科在遷移宮：

官祿宮四化之化科到遷移宮，表示你職場工作大多屬於是一個先期規劃的工作居多，或是工作性質是屬多元變化，大多是在一個地方一陣子就會調到別處工作，例如調查、訪查之類工作比較適合。

官祿宮宮干化忌在遷移宮：

官祿宮四化之化忌到遷移宮，表示你這一生之不宜外出離出生地遠方工作，職場工作不宜擔任外勤的工作，易出問題，或是經常換工作的現象，不適合往外發展或是變動性比較大的工作。

官祿宮宮干化祿在朋友宮：

官祿宮四化之化祿到朋友宮，表示你這一生之中職場工作適合於接觸大眾，或是人與人的互動工作為佳，遠方的朋友與你互動佳，工作上會受到朋友的幫助，貴人多，可與朋友合夥創業可成。

官祿宮宮干化權在朋友宮：

官祿宮四化之化權到朋友宮，表示你在職場工作上容易接觸到專業人士機會多，若與朋友合作創業，朋友大多掌握了技術核心的能力或重要事件。在職場工作易受到朋友的影響大，也會與工作伙伴為工作而有爭執的事情。

官祿宮宮干化科在朋友宮：

官祿宮四化之化科到朋友宮，表示你在職場所接觸的朋友，大多是屬於文藝、學術、文教工作的人比較多，或是以文會友，工作上與朋友相處愉快，可以在文藝上發展為佳。

官祿宮宮干化忌在朋友宮：

官祿宮四化之化忌到朋友宮，表示你這一生之中你在職場所結認的朋友對你沒有太多的幫助，工作上你為朋友付出多，得到回報少，不宜和朋友合夥為宜，或是經營粉絲，易有負面事情多，若合作容易出問題。

官祿宮宮干化祿在官祿宮：

官祿宮四化之化祿到官祿宮，一般通稱官祿宮自化祿，自化祿則是表示你工作上自主能力強，自我學習及自動自發專注在自己的工作或學業上，對於你的專業創新能力強，積極靈活，屬於開創型，凡事都是好往好的想，比較樂觀，可以自行創業，做自己想做的事業都可成。

官祿宮宮干化權在官祿宮：

官祿宮四化之化權到官祿宮，一般稱為官祿宮自化權，自化權是對自己的事業很堅持，執行力很強，不易被打敗，在工作專業上你是一位很有權威的人，做事情大多事必躬親，要求多，做事也比較會霸道，有時不會聽勸。

官祿宮宮干化科在官祿宮：

官祿宮四化之化科到官祿宮，一般通稱官祿宮自化科，在讀書期間，功課不錯，表現是屬於比較理性分析的特質，善於規劃，專業領域上有很強的專業質養；職場工作大多是在會先期計畫再執行，適合從事規劃性、計畫性、顧問、幕僚工作，職場表現小心謹慎的人。

官祿宮宮干化忌在官祿宮：

官祿宮四化之化忌到官祿宮，一般稱為官祿宮自化忌，在讀書期間學習能力不佳，學習效果差，或是很努力抓不到重點；在職場表現比較沒有擔當，或是很努力成果不好，或是做事拖泥帶水不乾脆，對工作上事物判斷落差大，不宜自己創業，事業變動大宜守。

官祿宮宮干化祿在田宅宮：

官祿宮四化之化祿到田宅宮，表示你適合從事房產、不動產或動產的行業，可大發利市，繼承或家族相關的產業、技藝有關之行業，對所承接事業會有創新作法，不會墨守成規。或是會把工作場所佈置成有家的感覺。

官祿宮宮干化權在田宅宮：

官祿宮四化之化權到田宅宮，表示你這一生之中大多會承接祖業，或是相關技術、技藝之行業，或是家族事業由你來操盤管理，擴張事業版圖的企圖心強。若事從事房產方面的營建、銷售也是不錯的。

官祿宮宮干化科在田宅宮：

官祿宮四化之化科到田宅宮，表示你的工作適合在固定一處，或是工作地點距離住家不遠。工作是屬於保守型也比較理性，按部就班。若你承繼家族企業，對家族事業大多採取維持現況。

官祿宮宮干化忌在田宅宮：

官祿宮四化之化忌到田宅宮，表示你對工作上的事情不喜歡拿回家裡做，或是家裡即是工廠等，可從事資源回收再生方面的工作。若是自己經營事業，易會把房產、不動產抵押貸款，支援事業經營。要注意會有變賣不動產或房產的現象。

官祿宮宮干化祿在福德宮：

官祿宮四化之化祿到福德宮，表示你的工作能力、創新能力強，點子多，讀書期間或職場的專業學習能力強，靈活度好，可自行創業，對於事情是心想事成。

官祿宮宮干化權在福德宮：

官祿宮四化之化權到福德宮，表示你主觀意識力很強，專業能力的執著程度很高，要求高，在專業上不容讓人懷疑，事業心較重。在職場上會讓人感到這個人很霸道、固執，意志的貫徹力強。

官祿宮宮干化科在福德宮：

官祿宮四化之化科到福德宮，表示你喜歡吸收新知識，學習力很強，讀書期間功課不錯，在職場上比較偏向幕僚人員，大多屬思考性、計畫性的工作比較多，對於專業技術知識是很充

足的，屬於理性分析型之人，常為事業上的問題患得患失。

官祿宮宮干化忌在福德宮：

官祿宮四化之化忌到福德宮，表示你在請書期間或是在職場上的專業知認識學習上不易專心，或是要花比較長的時間學習。自己在工作的思慮不周而出問題，做事的想法上不為別人所接受，凡事在事前多思考要多注意將問題降到最低，在職場上要多控制自己的職場情緒。

官祿宮宮干化祿在父母宮：

官祿宮四化之化祿到父母宮，表示你這一生之中易受到父母及長輩在事業上的提攜，在讀書期間會遇到啟發你的老師或長輩，在職場工作易受到上司重視與賞識。有繼承父母親或家族的事業，而有創新的做法，或是受到父母長輩影響很大。

官祿宮宮干化權在父母宮：

官祿宮四化之化權到父母宮，表示你這一生之中易受到父母親或長輩安排你的學習或事業發展，對你要求及期望很高。若會繼承父母親或長輩的家族事業，會擴張家族事業。在職場上易受到上司的重視及對你要求比較嚴格，易與上司爭論。

官祿宮宮干化科在父母宮：

官祿宮四化之化科到父母宮，表示你在求學期間容易遇到名師或好的老師教導、啟蒙，父母親、長輩會指點事業的方向，大多在精神上的鼓勵及支持，比較沒有實質上的支援。在職場上大多是受到上司、前輩的協助多。

官祿宮宮干化忌在父母宮：

官祿宮四化之化忌到父母宮，表示在求學時期你不容易到老師喜愛，成績不佳，或是所讀之科系不喜歡，或是被當掉。父母親對你所從事的行業或事業無法給支援、幫助，經常有意見，且會唱反調。在職場上不易得到上司賞識，工作期間易有被裁員現象。

若你對「四化疊宮」、「四化解盤介紹」還有一些不明白，可以到網路 YouTube 或是「優酷」關鍵查詢字「王文華老師紫微斗數教學」，找到「四化疊宮」、「四化解盤介紹」影片介紹，或是下方有 QRcode 掃描一下，直接觀看，可以得到一些想法。

第六章

實例說明

命宮等十二宮位排列出來後，先將先天命盤中的天干、地支合化成五行屬性，附記在旁，本書所附之排盤軟體都有顯示，如圖6-1範例所示。宮氣在第二章有說明，以簡單的重點說明，宮的干支五行的屬性就是「宮氣」，宮氣生星系的屬性時，星系的優點強勢會顯現非常明顯；宮氣剋星系的屬性時，星系的缺點則會顯現非常明顯；星系剋宮氣時，則星系之缺點展現；星系生宮氣時，星系之優缺點將減弱。

你對納音五行不熟悉，或是沒有背，在本書附件四有六十甲子納音五行，對照哪一年生，其五行表都有，若要找主星配置圖，請參考附錄三，找出紫微星在何宮，其紫微星系配置圖就可以參考，附錄是幫助學習的工具圖表，節省很多時間，多多利用。

本實例說明，以主星論斷說明，次級星及流年各星曜暫不說明，次級星及其他流年星曜不明白，請參考《紫微星鑰》一書的說明，或是可以租用星https://meen.tw/「星鑰排盤」功能之「論斷分析」說明，參考論斷學習。若只要看結果，建議你可以到點選https://www.profate.com.tw/網路算命項目，直接分析及時間的預測，以上產品都是筆者所論斷。

以下紫微斗數盤是使用https://meen.tw/「星鑰排盤」的工具排盤軟體。

範例一　蕭先生

我們來看蕭先生的命造格局（圖6-1）：

一、命宮

在申宮氣為火，陀羅單坐，本宮無主星，借對宮之星（全部主星），丙申宮五行氣為火，陀羅為金，火火剋金，則有「三心二意」，「暴烈」，

圖6-1

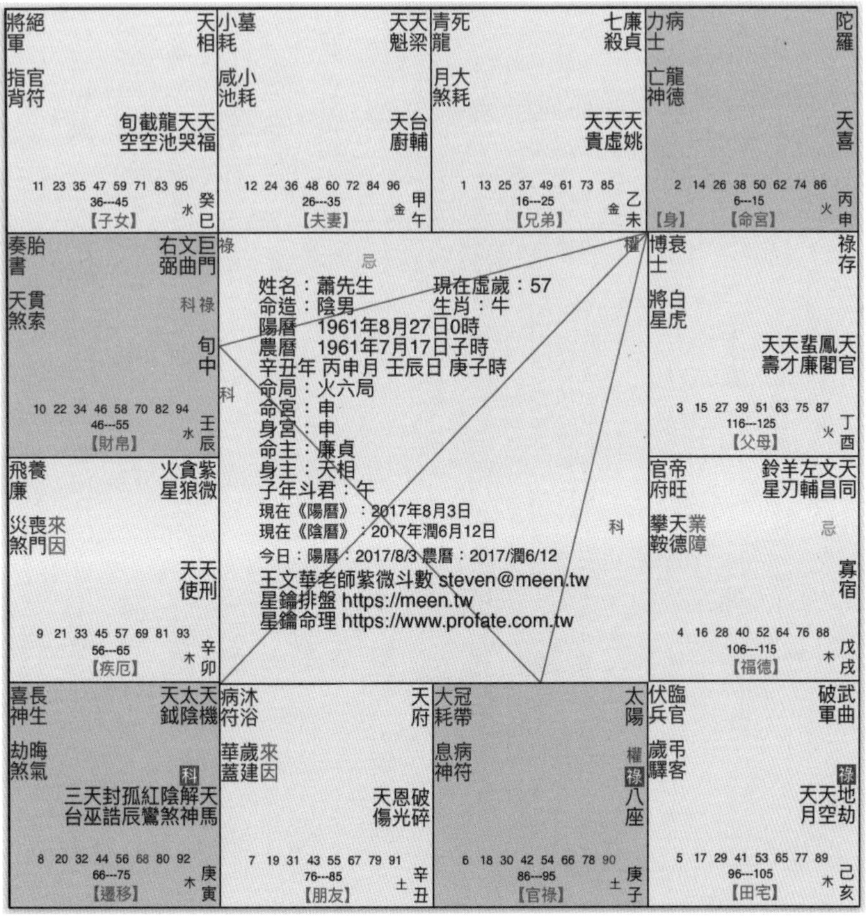

<table>
<tr>
<td>將軍 絕
天相
指背 官符
旬空 截空 龍池 天哭 天福
11 23 35 47 59 71 83 95
36---45
水 癸巳
【子女】</td>
<td>小耗 墓
天魁 天梁
咸池 小耗
天廚 台輔
12 24 36 48 60 72 84 96
26---35
金 甲午
【夫妻】</td>
<td>青龍 死
七殺 廉貞
月煞 大耗
天貴 天虛 天姚
1 13 25 37 49 61 73 85
16---25
金 乙未
【兄弟】</td>
<td>力士 病
陀羅
亡神 龍德
天喜
2 14 26 38 50 62 74 86
6---15
火 丙申
【身】【命宮】</td>
</tr>
<tr>
<td>奏書 胎
右弼 文曲 巨門
天煞 貫索
科 祿
旬中
10 22 34 46 58 70 82 94
46---55
水 壬辰
【財帛】</td>
<td colspan="2" rowspan="2">祿 忌 權
姓名：蕭先生　現在虛歲：57
命造：陰男　生肖：牛
陽曆　1961年8月27日0時
農曆　1961年7月17日子時
辛丑年 丙申月 壬辰日 庚子時
命局：火六局
命宮：申
身宮：申
命主：廉貞
身主：天相
子年斗君：午
現在《陽曆》：2017年8月3日
現在《陰曆》：2017年潤6月12日
今日：陽曆：2017/8/3 農曆：2017/潤6/12
王文華老師紫微斗數 steven@meen.tw
星鑰排盤 https://meen.tw
星鑰命理 https://www.profate.com.tw
科 科</td>
<td>博士 衰
祿存
將星 白虎
天壽 天才 蜚廉 鳳閣 天官
3 15 27 39 51 63 75 87
116---125
火 丁酉
【父母】</td>
</tr>
<tr>
<td>飛廉 養
火星 貪狼 紫微
災煞 喪門 來因
天使 天刑
9 21 33 45 57 69 81 93
56---65
木 辛卯
【疾厄】</td>
<td>官府 帝旺
鈴星 羊刃 左輔 文昌 天同
攀鞍 天德 業障
忌
寡宿
4 16 28 40 52 64 76 88
106---115
木 戊戌
【福德】</td>
</tr>
<tr>
<td>喜神 長生
天鉞 太陰 天機
劫煞 晦氣
科
三台 天巫 封誥 孤辰 紅鸞 陰煞 解神 天馬
8 20 32 44 56 68 80 92
66---75
木 庚寅
【遷移】</td>
<td>病符 沐浴
天府
華蓋 歲建 來因
天傷 恩光 破碎
7 19 31 43 55 67 79 91
76---85
土 辛丑
【朋友】</td>
<td>大耗 冠帶
太陽
息神 病符
權 祿
八座
6 18 30 42 54 66 78 90
86---95
土 庚子
【官祿】</td>
<td>伏兵 臨官
破軍 武曲
歲驛 弔客
祿
天月 天空 地劫
5 17 29 41 53 65 77 89
96---105
木 己亥
【田宅】</td>
</tr>
</table>

「不穩定」（請參考筆者所著的《紫微星鑰》一書星曜特性說明）的特性出現；借對宮之天機，天機星屬木，木生火（星五行生宮五行），則有「智慧」、「清高」的特性；但此優點將減弱，「居家是非多」、「晚發」、「遷動」反而增強。太陰星為水，水剋火，則「貞節」、「潔癖」、「花酒」、「財富」之優缺點將展現無疑。又太陰為男性之妻星，故也有桃花之特性。天鉞屬火，火火比肩（星五行與宮五行相同），有增加「女性貴人」、「精神的幫助」、「守成」的特性。天馬為火，亦是比肩，天馬乃好動之星，則其特性更彰顯。

再看其四化，丙化祿天同在其福德，天同「有福氣懶惰」、「喜勞心」、「靈感」之特性將非常明顯。丙化權天機在命宮（借對宮）及遷移，則生性喜掌權。丙化科文昌在福德，則有文筆上之成就；但文昌先天化忌所以解釋為「文筆技藝」。丙化忌在兄弟廉貞，有兄弟不合或拖累兄弟和被兄弟拖累之現象。

二、福德宮

命宮和福德一起論完才能論人之個性喜好，切記！切記！

福德在戌宮干支為戊戌五行為木，天同為水，水生木則「懶惰」特性加強，鈴星為火，火生木「虛燥」、「侵略」、「衝動」也將減弱。左輔為土，木剋土，「實質上助力」、「義氣」之優點將不能發揮。羊刃為金，金剋木，「殺傷力」、「刀光血災」、「官司訴訟」、「急躁不安」則表現無疑。文昌為金，金剋木，「考試」、「功名」、「學習」能力降低。

戊干貪狼星化祿飛至在疾厄宮，表示身體強健，但是貪狼為肝方面問題，所以要防肝功能過高。戊干化權在太陰星在命宮（借對宮）及遷移宮，生性喜掌權。戊干化科在右弼在財帛，表示財帛之獲取能有助力。戊干化忌在天機生在命宮（借對宮）及遷移宮則居家、出外成敗起伏變化亦大。

各位或許奇怪，其中有些形容有矛盾之處，其實不然。我們把以上各星在各宮的資訊，整合並潤飾詞句。此人個性如下：「個性暴烈，喜掌權，喜勞心動腦，懶惰，有潔癖，好花酒，不講義氣，好動，虎頭蛇尾，有文筆技藝之氣質，喜怒變化於色之多重個性。」以上之評語是直話直說，便於各位能了解自我之優缺點，希望大家能理解。

初學者請各位婉轉形容，避免與被算命之對方起不快之感，可改成：「脾氣較不易控制，做事要有始有終，飲食須節制，多往文筆技藝發展，多學習忍耐工夫，小心官司，交友小心。」這樣子的話，聽起來也就順耳多了；但是筆者希望，在做自我批判時，能找出自己之缺點來改進，才是學習紫微斗數之最終目的。共勉之！

三、兄弟宮

在乙未宮氣為金，七殺有二個屬性為金、火，取火之五行，火剋宮氣金，星曜五行剋宮氣五行，七殺之特性「剛烈暴躁」、「戰爭」、「叛逆」、「感情用事」其特徵則發威無餘。廉貞星為木、火，取火之五行，火剋金，星曜五行剋宮氣五行，因此廉貞之特性「桃花」……。展現非常明顯。

再看其四化，乙天干天機生化祿在命宮（借對宮）與遷移宮，則對本身助力大。化權在天梁星入夫妻宮，因此怕老婆或對老婆較為尊重。化科紫微星在疾厄宮身體強壯，化忌在太陰星在命宮及遷移宮，不利姊妹及妻女。

現在我們對兄弟宮下個評語：姊妹助力少，兄弟怕老婆，從事軍警之行業為佳，兄弟同心，其利斷金，避免無謂爭吵，兄弟之脾氣也須改善，多積陰德。

四、夫妻宮

在甲午宮氣為金，天梁星為土，土生金，天梁星其特性「清高」、「不受拘束」、「專制」將減弱；天魁屬火，火剋金，其天魁之特性「男性貴人」、「實質上幫助」將展現出來。

再看其四化變化：甲天干化祿廉貞在兄弟宮，能得兄弟、同學、同事介紹或幫助成親，化權破軍在田宅宮，不動產的登記會老婆名字，化科武曲在田宅宮，結婚後會搬遷至文教區，及附近有廟堂、教堂，化忌在事業宮，不可以與妻子經營共同事業，妻子也屬於職業婦女。

在我們對夫妻宮下評語：夫妻脾氣倔強，能幫助他守成，要有良好姻緣須兄弟、同事介紹撮合。為結婚之前，男女交往，感情也作如此觀看。

五、子女宮

子女宮也觀看其性慾，子女人數多寡（在當今社會以無須論斷），子女個性。在癸巳宮氣為水，天相屬水，水、水比肩，其天相特性「正直」、「好管閒事」發揮無疑。

再看其四化，化祿為破軍在田宅宮，有子女後，不動產也將隨之增加，兒子帶財。化權為巨門在財帛宮，子女對財物之支出喜歡插上一腳（很捨得為子女花錢）。化科為太陰在命宮及遷移，子女外出求學方有成就。化忌為貪狼在疾厄宮，本人須防泌尿器官花柳之疾病。

現在我們對子女宮下評語：子女孝順也頗有成就，有助本身之名望及財富。本身花街柳巷少去為妙，以免遺害子女宮之貴氣，本身對性慾宜適節制。

六、財帛宮

財帛宮須參考事業宮及命宮方可下評語，不可單宮論斷。

財帛宮在壬辰其宮氣為水，巨門屬水，水、水比肩，因此飲食，服務業，及與口有關之行業（如記者、廣播、演員、旅遊、樂器……）其特性「食祿」、「紛擾」、「口舌是非」會更加明顯。右弼屬水，水、水比肩，右弼特性為「精神上的幫助」、「感情」也會很明顯，所以財帛上的實值幫助不大，也會因感情帶來金錢上的是非及困擾、若有副業收入則減少是非困擾。文曲屬水，水比肩，其特性「技藝」、「名氣」、「創作」也會顯現出來，所以金錢必須取於技能，先成名後有利。

再看其四化，壬化祿為天梁星在夫妻宮，得夫妻配偶之助，娶妻方能納財，化權在紫微入疾厄宮，須防重大傷害引起財物損失，或是要防過勞，化科在左輔入福德宮，多學習一種技能有助進財，化忌為武曲在田宅宮，最好有錢後能購置不動產，否則錢財不易留下。

七、事業宮（官祿宮）

在庚子位其宮氣為土，太陽星屬火，火生土，但太陽為陷（本書各星曜之廟、旺、平、落、陷皆不論，只論太陽及太陰廟陷）太陽星特性「作福他人」、「光明正大」、「富貴」也將隨之減弱，故從事之職業不適合在白天，或是有時間差的工作。因先天化權，所以也不適於他人聘顧、常換工作之現象，適合自己經營。

再看其四化，庚天干化祿在太陽（自化祿）獨自經營必有所成，化權武曲星在田宅宮，對不動產購置有極的大慾望，太陰星化科在遷移宮，外出做事或學習方可成，化忌天同在福德宮，為從事何種行業而傷透腦筋。

我們針對其從事行業、進財及本身個性下評語：離鄉背井外出工作吉，宜獨資經營，從事飲食最佳，適合有時差工作或夜間開店，須有技藝方面之能力，先成名方能有利。不可過於急躁，勿好高騖遠，求功心切，須踏實專一勇往直前，方有成就。

八、疾厄宮

疾厄宮在辛卯宮，宮氣為木，紫微星五行為土，木剋土，被宮氣所剋，為腹脹之疾；貪狼星在此五行為火，木生火，平時遠離電器以免被電到；火星為火，木生火，個性比較急，宜注意牙齒問題。

再看其四化，辛天干巨門化祿在財帛，喜歡賺輕鬆財，太陽化權在官祿宮，喜掌權，大小事都要管，文曲化科在財帛宮，喜歡賺文藝之財，文昌化忌在福德宮，負面想法多。

疾厄宮下一個註語：個性急，身體易有腹脹及牙齒之問題，平時多遠離電器易有觸電之事，喜歡賺文藝輕鬆財，精神壓大過大，小心過勞而傷身。

九、朋友宮（奴僕宮）

在辛丑宮宮氣為土，天府星屬土，土比肩，天府特性「才能豐富」、「慈悲」、「尊貴」、「厚重」顯明，故其朋友多助力。

再看其四化，辛天干化祿巨門入財帛宮，與朋友通財之義，擅長口才表達，太陽化權在事業宮，事業上多得朋友幫忙，文曲化科在財帛宮，適合多結交友才藝之朋友，化忌為文昌在福德宮，因嫉妒朋友之能力過強，而與朋友互有毀謗。

朋友宮下一個註語：朋友在事業上對你助力多，大多有通財之義，結交有才藝之朋友，易對朋友不信任，互有毀謗，故須對朋友寬宏大量，才得朋友之助。

十、田宅宮

在己亥宮宮氣為木，武曲星屬金，金剋木，武曲特性「田產」、「財富」、「廟堂」適於居住廟宇、教堂、金融中心附近。破軍屬水，水生木，破軍特性「破損」、「消耗」、「賭博」、

「投機」……將減弱，適合變相之不動產買賣如黃金之類。

再看四化，己天干化祿武曲（自化祿）將擁有許多動產或得自數量龐大之遺產，貪狼化權入疾厄（可不論），天梁化科入夫妻，適合於夫妻名義購置，文曲化忌入財帛宮，金錢的流失最好購置不動產，但須遠離文教區。

田宅宮下一個註語：會擁有許多動產或繼承龐大遺產，不動產適合由配偶名義購買或登記名下為宜，不適合居住在文教區附近。

十一、父母宮

在丁酉宮宮氣為火，祿存星單座，藉對宮紫微、貪狼、火星。祿存屬土，火生土，祿存特性「財富」、「溫和」、「專治巨門之惡」威力增加，但祿存單座，父母有守財現象。紫微星屬土，火生土，紫微特性「尊貴」、「不易聽勸」威力大增。貪狼屬木、水，以水為主，水剋火，貪狼的缺點顯示，對父母抱怨多，火星屬火，火、火比肩，因此火星剛烈暴躁之特性極於明顯。

再看四化，丁天干太陰化祿在命宮及遷移宮，易受母親之財及溺愛，天同化權在福德宮，家教嚴厲，化科為天機星在本命及遷移宮，父母在外名聲不錯，化忌為巨門星在財帛宮，父母為其本身（業主）之工作及花錢有所批評。

故我們對父母宮下註語：有位嚴厲的父親及慈祥的母親對其本身幫助極大，但是太陽落陷（太陽為父）故父親身體恐較多疾病，尤其是心臟、血液、眼睛更須注意。然而本身藉天機、太陰之力，而太陰落於陷位，故其母身體不佳。

十二、遷移宮

在庚寅宮宮氣為木，天機星屬木，會天馬，在家是非多，出外歡歡喜喜。太陰星、天鉞星屬水，水生木，故在外易得異性人緣。

再論其四化，庚干太陽化祿在官祿，出外在事業上野心非常大，武曲化權入田宅宮，居住之處環境不錯，太陰化科正坐遷移，也能因技藝小有名氣，化天同忌入福德宮，會為其外出目的極感困擾，常猶豫不決。

遷移宮下一個註語：居家是非多，喜歡往外跑，在外異性緣強，技藝方面小有名氣，對事業企圖心強，在外常有困惑感。

範例二 林先生

現在我們來看林先生命造格局（圖6-2）：

一、命宮

命宮在辛亥宮宮氣為金，天同星五行屬水，金生水，宮氣生星曜，天同星特性「有福氣」、「懶惰」、「喜勞心」、「靈感的」、「軟弱」的

圖6-2

天梁 陀羅 長生 力士 大耗 歲驛 權 天虛 天廚 5 17 29 41 53 65 77 89 64---73 【遷移】 火 乙巳	七殺 文曲 祿存 養 博士 龍德 息神 解神 恩光 旬中 天使 6 18 30 42 54 66 78 90 54---63 【疾厄】 水 丙午	羊刃 胎 官府 來因 白虎 華蓋 天哭 旬空 7 19 31 43 55 67 79 91 44---53 【財帛】 水 丁未	廉貞 文昌 絕 伏兵 天德 劫煞 天刑 台輔 8 20 32 44 56 68 80 92 34---43 【子女】 土 戊申
紫微 天相 沐浴 青龍 小耗 攀鞍 陰煞 紅鸞 封誥 天貴 天傷 4 16 28 40 52 64 76 88 74---83 【朋友】 火 甲辰	祿 祿 權 姓名：林先生 現在虛歲：71 命造：陰男 生肖：豬 陽曆 1948年1月22日4時 農曆 1947年12月12日寅時 丁亥年 癸丑月 丙午日 庚寅時 命局：金四局 命宮：亥 身宮：卯 命主：巨門 身主：天機 子年斗君：卯		天鉞 墓 大耗 弔客 災煞 天空 破碎 9 21 33 45 57 69 81 93 24---33 【夫妻】 土 己酉
天機 巨門 左輔 冠帶 小耗 官符 將星 科 忌 權 龍池 3 15 27 39 51 63 75 87 84---93 【身】【官祿】 金 癸卯	現在《陽曆》：2017年8月3日 現在《陰曆》：2017年潤6月12日 今日：陽曆：2017/8/3 農曆：2017/潤6/12 王文華老師紫微斗數 steven@meen.tw 星鑰排盤 https://meen.tw 星鑰命理 https://www.profate.com.tw		破軍 死 病符 病符 天煞 天喜 寡宿 天才 10 22 34 46 58 70 82 94 14---23 【兄弟】 金 庚戌
貪狼 臨官 將軍 業障 貫索 亡神 天官 孤辰 天月 三台 天壽 截空 2 14 26 38 50 62 74 86 94---103 【田宅】 金 壬寅	太陽 太陰 帝旺 奏書 喪門 月煞 祿 科 地劫 蜚廉 1 13 25 37 49 61 73 85 104---113 【福德】 木 癸丑	武曲 天府 鈴星 衰 飛廉 晦氣 咸池 忌 天姚 八座 12 24 36 48 60 72 84 96 114---123 【父母】 木 壬子	天同 右弼 火星 天魁 病 喜神 歲建 指背 權 天馬 天福 鳳閣 天巫 11 23 35 47 59 71 83 95 4---13 【命宮】 金 辛亥

優點特質展現，有福氣有靈感的。右弼星五行屬水，金生水，宮氣生星曜，其「精神上的幫助」、「感情」優點展現聰明才智，舉一反三。火星五行屬火，火剋金，星曜剋宮氣，其特性「暴發」、「殺氣」、「火災」、「獨特」，缺點展現，急性，出外吉。

天魁五行屬火，火剋金，星曜剋宮氣，其「男性貴人」、「實質上的幫助」、「開發創造」缺點展現，雖然是缺點展現，但是還有貴人相助，貴人相助。

其四化宮干為辛，巨門星化祿在官祿宮，工作有成就，以研發創新會有大成就。太陽化權在福德宮，喜掌權。文曲化科在疾厄宮，精神付出大。文昌化忌在子女宮，與子女緣份薄。

二、福德宮

福德宮在癸丑宮宮氣為木，太陽星在丑宮則落陷位，其特性「光明正大」、「愚忠」、「富貴」、「作福他人」、「剛烈直爽」、「無私心」缺點展現，喜歡助人有福氣之人。太陰星在丑宮為廟旺之地，其特性「貞潔」、「潔癖」、「花酒」、「財富」、「田財」優點展現，有福氣，酒食多。

其癸干四化，化祿在破軍在兄弟宮，易得兄弟姊妹幫忙。巨門星化權在官祿宮，事業的掌控力強。太陰化科在福德宮，學習能強。貪狼化忌在田宅宮，購置不動產慾望強。

我們對命宮及福德宮來下個註語：聰明才智，多學多能，舉一反三，性子急，喜掌權，從事研發創新事業有大成就。

三、兄弟宮

兄弟宮在庚戌宮，宮氣為金，破軍星五行屬性屬水，金生水，宮氣生星曜，其特性「破損」、「消耗」、「賭博」、「投機」好的優點展現，與兄弟姊妹之緣份薄。

看其四化，庚干四化為太陽星化祿、太陰星化科在福德宮，兄弟姊妹與你感情好。武曲星化權在父母宮，父母是有權威的人。天同化忌在命宮，兄弟姊妹為你付出很多。

兄弟宮註語：父母親管教嚴，兄弟姊妹之間的感情很好，為你付出很多。

四、夫妻宮

夫妻宮在己酉宮，宮氣為土，天鉞星屬火，火生土，星曜生宮氣，其特性「女性貴人」、「精神上的幫助」、「守成」，優點展現，得妻助。本宮無主星借對宮星曜，巨門、天機星及左輔星，巨門星屬水，土剋水，宮氣剋星曜，其特性「猜忌」、「口舌是非」、「食祿」、「紛擾」缺點展現，其妻猜忌心強，易出口傷人。天機星屬木，木剋土，星曜剋宮氣，其特性「智慧」、「清高」、「與宗教有緣」、「居家是非多」、「晚發」、「不易經商」、「第二匹天馬」缺點

展現，妻子對宗教或在精神領域方面有興趣。左輔星屬土，土、土比肩，其特質為「實質上的幫助」、「忙碌」、「多助的」、「加強的」、「義氣」，展現出來，感情上易有二段感情現象。

看其四化，己天干四化為武曲星化祿在父母宮，妻子得父母親疼愛。貪狼星化權在田宅宮，不動產產權大多登記在妻子名下。天梁星化科在遷移宮，妻子在在外名聲好。文曲化忌在疾厄宮，生活起居照顧無微不至。

夫妻宮註語：得妻助，生活起居照顧無微不至，不動產大多會登記在妻子名下，不宜惹妻子生氣，講話會很傷人，感情上易有二段感情。

五、子女宮

子女宮在戊申宮宮氣為土，廉貞星屬木、火，在此取五行木，木剋土，其特性「邪惡」、「桃色」、「奸詐狡滑」、「助長惡勢力」、「貞烈」缺點展現，性慾較強。文昌星五行屬金，土生金，宮氣生星曜，其特性「考試」、「功名」、「學習」、「顯現於外有實質的」優點展現，子女有出息。

看其四化天干，戊干天干化祿在田宅宮，有了子女後購買不動產。太陰化權在福德宮，女兒比兒子表現好，疼女兒。右弼星化科在命宮，有子女後，運氣、事業變好。天機化忌在官祿宮，子女不會繼承事業。

子女宮註語：有了子女後事業逐漸發展起來，購置不動產，子女不會繼承你的事業，在外打野食易出問題。

六、財帛宮

財帛宮在丁未宮宮氣屬水，羊刃星五行屬金，金生水，星曜生宮氣，特性「殺傷力」、「刀光血災」、「官司訴訟」、「急躁不安」，缺點降低，優點展現多，有橫發橫破。本宮無主星，借對宮太陽、太陰星，太陽星在此為廟旺，「光明正大」、「愚忠」、「富貴」、「作福他人」、「剛烈直爽」、「無私心」展現優點，聚財能力強。太陰星在此為落陷，「貞潔」、「潔癖」、「花酒」、「財富」、「田財」缺點展現，對理財觀念有獨到的見解。

看其四化，丁天干四化為太陰星化祿在福德富，財帛豐盛，富有之人。天同化權在命宮，對錢財調度運用有一套。天機化科及巨門化忌在官祿宮，對事業財務運用大費苦心。財帛宮評語與官祿宮整合再評論。

七、官祿宮

官祿宮在癸卯宮，宮氣為金，巨門星五行屬性為水，金生水，宮氣生星曜，其特性「食祿」、「紛擾」、「細心」、「辯才」、「善於分析」優點展現，事業規劃鉅細靡遺。天機星五行屬性為木，金剋木，宮氣剋星曜，「智慧」、「清高」、「與宗教有緣」、「居家是非多」、「晚發」、「不易經商」、「第二匹天馬」缺點展現，事業在外發展會有成就。左輔為土，土生金，宮氣生星曜「實質上的幫助」、「忙碌」、「多助的」、「加強的」、「義氣」，優點展現，有跨領域或同時兼二個工作以上。

看其四化，癸天干為破軍星化祿在兄弟宮，事業是以合夥方有成。巨門化權在官祿宮，事業的關鍵技術在自己手上。太陰星化科在福德宮，規劃鉅細靡遺。貪狼化忌在田宅宮，宜有專業技術為佳。

財帛及官祿宮註語：關鍵技術掌握，理財有獨到見解，事業發展以研發創新最佳，財富可人。

八、疾厄宮

疾厄宮在丙午宮，宮氣為水，七殺星五行屬金、火，七殺星特性為「剛烈暴躁」、「戰爭」、「判逆」、「感情用事」不適用疾厄宮，注意肺及四肢筋骨。文曲星為水則「技藝」、「名氣」、「創作」、「隱藏於內精神上的」特質不適用，注意腦力過度使用。祿存星特性「財富」、「溫和」、「專治巨門之惡」不適用，運動神經較不發達。

其四化為丙干化祿為天同在命宮，喜歡做勞心之事。天機星化權在官祿宮，做事親力親為，不假他人之手。文昌化科及廉貞化忌在子女宮，與子女觀念有代溝。

疾厄宮註語：注意肺及四肢筋骨及用腦過度，適合做一柔軟的運動。

九、遷移宮

遷移宮在乙巳宮宮氣為火，天梁五行屬性為土，火生土，宮氣生星曜，「長壽」、「逢凶化吉」、「清高」、「專制」、「不受約束」、「醫藥」、「耿直」、「權謀」優點展現，在外多得人緣。陀羅星五行屬性為火，火、火比肩，其特質「遲疑阻礙」、「三心二意」、「不穩定」、「鑽牛角尖」、「暴烈」，優缺點同時展現，做事多遲延。

其四化乙天干化祿天機星在官祿宮，在外工作發展大。天梁化權在遷移宮，在外屬於發號司令之人。紫微星化科在朋友宮，出外易得貴人協助。太陰化忌在福德宮，在外多多少少會引起妻子擔心。

遷移宮註語：在外競爭力強，講話有份量，多得貴人助。

十、朋友宮

朋友宮在甲辰宮，宮氣為火，紫微星五行屬土，火生土，宮氣生星曜，其「尊貴」、「孝順」、「無奈的誘惑」、「不易聽勸」特性優點展現，朋友大多是有能力之人。天相星五行屬為水，水剋火，星曜剋宮氣，「正直忠心」、「好管閒事」、「印信」、「擔保」、「專治羊刃星之虐」缺點展現，朋友多為現實的人。

看其四化，甲干四化為廉貞化祿在子女宮，所交往的朋友多是與電腦、農畜牧等行業有關。破軍化權在兄弟宮，合夥人與合夥之間問題多。武曲星化科在父母宮，易得到資金的幫忙。太陽化忌在福德宮，與朋友之間的觀念不合。

朋友宮下一個註語：朋友講義氣但現實，都是有能力之人，資金大多是來自朋友投資。

十一、田宅宮

田宅宮在壬寅宮，宮氣為金，貪狼星五行屬性為木、火，在此為五行以木為主，金剋木，宮氣剋星曜，「慾望」、「法術」、「邪惡」、「凶狠」缺點展現，購買不動產慾望強，通常居住在工廠或吵雜地區。

宮干為壬天干，其四化化祿為天梁在遷移宮，居住的環境比較喜歡清靜交通便利的地方。

紫微星化權在朋友宮，居住在較高的樓層。左輔星化科在官祿宮，居住環境能夠兼顧到事業。武曲星化忌在父母宮，不易與父母親同住在一起。

田宅宮下一個註語：居住環境喜歡鬧中取靜交通方便的地方，以高樓層為宜，居住地點距辦公地點近為佳。

十二、父母宮

父母宮在壬子宮，宮氣為木，武曲星五行屬金，金剋木，星曜剋宮氣，其特性「勇武剛烈」、「田產財富」、「廟堂」缺點展現多，父母的脾氣暴躁，在此父母宮自化忌時反而脾氣為溫和之人。天府星五行屬土，木剋土，宮氣剋星曜，其特性「才能豐富」、「慈悲」、「尊貴」、「厚重」，缺點展現，受父母親影響很大。鈴星五行屬火，木生火，宮氣生星曜，其特性「虛躁」、「侵略」、「衝動」優點展現缺點減弱，與父母親無緣，聚少離多。

看其四化壬干天梁星化祿在遷移宮，父母為明理之人，在外易有貴人相助。紫微化權在朋友宮，易受到長輩的提拔及幫助。左輔星化科在官祿宮，上司或長輩在工作或事業上貴人多。武曲星化忌在父母宮，脾氣為溫和之人。

父母宮下一個註語：父母親脾氣為溫和明理之人，易受上司或長輩提拔與照顧，貴人多。

範例三　楊先生

現在我們來看楊先生命造格局（圖6-3）：

一、命宮

在庚辰宮其宮氣為金，太陽星化祿單座（本書各星曜之廟、旺、平、落、陷皆不論，只論太陽及太陰廟陷），在辰宮為廟，其優點會增

圖6-3

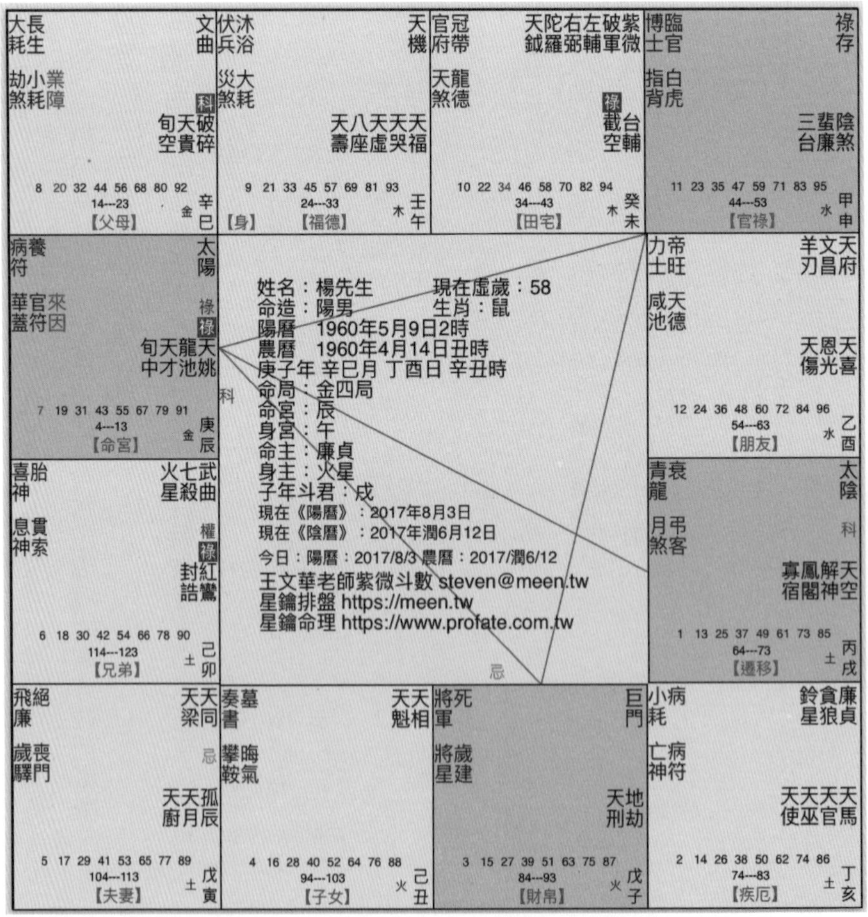

<table>
<tr>
<td>大耗 長生 文曲
劫煞 小耗 業障
科
旬空 天貴 破碎
8 20 32 44 56 68 80 92
14---23
金 辛巳
【父母】</td>
<td>伏兵 沐浴 天機
災煞 大耗
天壽 八座 天虛 天哭 天福
9 21 33 45 57 69 81 93
24---33
木 壬午
【身】【福德】</td>
<td>官府 冠帶 天鉞 陀羅 右弼 左輔 破軍 紫微
天煞 龍德
祿
截空 台輔
10 22 34 46 58 70 82 94
34---43
木 癸未
【田宅】</td>
<td>博士 臨官 祿存
指背 白虎
三台 蜚廉 陰煞
11 23 35 47 59 71 83 95
44---53
水 甲申
【官祿】</td>
</tr>
<tr>
<td>病符 養 太陽
華蓋 官符 來因
祿
祿
旬中 天才 龍池 天姚
7 19 31 43 55 67 79 91
4---13
金 庚辰
【命宮】</td>
<td colspan="2" rowspan="2">姓名：楊先生　現在虛歲：58
命造：陽男　生肖：鼠
陽曆　1960年5月9日2時
農曆　1960年4月14日丑時
庚子年 辛巳月 丁酉日 辛丑時
命局：金四局
命宮：辰
身宮：午
命主：廉貞
身主：火星
子年斗君：戌
現在《陽曆》：2017年8月3日
現在《陰曆》：2017年潤6月12日
今日：陽曆：2017/8/3 農曆：2017/潤6/12
王文華老師紫微斗數 steven@meen.tw
星鑰排盤 https://meen.tw
星鑰命理 https://www.profate.com.tw
科
忌</td>
<td>力士 帝旺 羊刃 文昌 天府
咸池 天德
天傷 恩光 天喜
12 24 36 48 60 72 84 96
54---63
水 乙酉
【朋友】</td>
</tr>
<tr>
<td>喜神 胎 火星 七殺 武曲
息神 貫索
權
祿
封誥 紅鸞
6 18 30 42 54 66 78 90
114---123
土 己卯
【兄弟】</td>
<td>青龍 衰 太陰
月煞 弔客
科
寡宿 鳳閣 解神 天空
1 13 25 37 49 61 73 85
64---73
土 丙戌
【遷移】</td>
</tr>
<tr>
<td>飛廉 絕 天梁 天同
歲驛 喪門
忌
天廚 天月 孤辰
5 17 29 41 53 65 77 89
104---113
土 戊寅
【夫妻】</td>
<td>奏書 墓 天魁 天相
攀鞍 晦氣
4 16 28 40 52 64 76 88
94---103
火 己丑
【子女】</td>
<td>將軍 死 巨門
將星 歲建
天刑 地劫
3 15 27 39 51 63 75 87
84---93
火 戊子
【財帛】</td>
<td>小耗 病 鈴星 貪狼 廉貞
亡神 病符
天使 天巫 天官 天馬
2 14 26 38 50 62 74 86
74---83
土 丁亥
【疾厄】</td>
</tr>
</table>

加，其特性「光明正大」、「富貴」、「剛烈直爽」、「無私心」，為人光明天正大，性情豪爽，會照顧別人。

其四化，庚天干化祿為太陽星，庚干化祿在本宮位太陽，則稱為自化祿，為人正直，很有想法，可以自己創業當老闆，從事服務業方面為佳。武曲星化權為在兄弟宮，兄弟姊妹個性或脾氣比較火爆，兄弟姊妹在各方面講話很有份量，宜注意因錢財問題而有不愉快或被拖累。太陰星化科為在遷移宮，在外易受到女性朋友或貴人的協助及幫忙。天同星化忌為在夫妻宮，配偶較為勞碌，一生之中會有一段刻骨銘心的愛。

二、福德宮

在壬午宮其宮氣為木，天機星屬性為木，與宮氣同木為比肩，天機星之優缺點亦明顯的增加，其特性「智慧」、「清高」、「與宗教有緣」、「居家是非多」、「晚發」、「不易經商」、「第二匹天馬」。想法或是看法有遠見有時會不實際，反應快聰明。

其天干四化分析，壬天干天梁星化祿為在夫妻宮，得助於配偶的幫助很大，要注意因財而影響感情。紫微星化權、左輔星化科在田宅宮，對於其居住環境大多會選擇在熱鬧的地方，不動產大多登記在自己名下。化忌為武曲星在兄弟宮，其本身亦受兄弟所累，尤其是錢財部份。

我們對命宮及福德宮來下個註語：

其人忠厚正直，熱心，處事光明正大，會照顧人，可從事服務業的工作或自己經營，必然賺錢，配偶幫助大，要注意為錢財而有爭吵。對兄弟姊妹不計較得失，因此多少會被兄弟姊妹所累，兄弟對他的幫助無形大於有形，個性稍為心急，須加改進為宜。

三、兄弟宮

在巳卯宮宮氣為土，七殺星屬性為金、火，在此屬性為火，火生土，其七殺星特性「剛烈暴躁」、「戰爭」、「叛逆」、「感情用事」優點方面展現，做事為不拖泥帶水，個性強勢。武曲星屬金，土生金，武曲星特性「勇武剛烈」、「田產財富」、「廟堂」表現明顯，個性強勢，與宗教有緣。火星五行屬火，火生土，火星特性「暴發」、「殺氣」、「火災」、「獨特」優缺點明顯減弱，個性急。

看其四化，己天干化祿武曲自化祿，表示兄弟在不動產上會有很大的收穫。貪狼星化權在疾厄宮，須防肝功能過高，天梁星化科在夫妻宮，有利於兄弟感情，文曲星化忌在父母宮，兄弟姊妹的學歷不高，原因在於父母，不在於資質高低。

兄弟宮註語：兄弟姊妹的個性急性強勢，做事不拖泥帶水，學歷不高，兄弟姊妹在不動產方面工作，會有很大的收獲。

四、夫妻宮

在戊寅宮其宮氣為土，天梁星屬土，土、土比肩，天梁星特性「長壽」、「逢凶化吉」、「清高」、「專制」、「不受拘束」表現明顯，個性霸道，不喜歡吵雜。天同星屬水，土剋水，天同星特性「有福氣懶惰」、「喜勞心」、「靈感」優缺點減弱，配偶勞心勞力。

看其四化，戊天干化祿貪狼星在疾厄宮，慎防肝功能過高，太陰星化權在遷移宮，其妻講話很有份量。右弼星化科在田宅，其妻名義購置不動產，會照顧家庭。天機星化忌在福德宮，對於清高，霸道之個性有怨言。

夫妻宮註語：配偶個性強勢、霸道，大多要聽配偶意見，對家庭有責任感，購買不動產時可由配偶名義購買不動產為宜。

五、子女宮

在己丑宮其宮氣為火，天相星屬水，水剋火，天相星特性「正直忠心」、「好管閒事」、「印信」、「擔保」、「專治羊刃星之虐」缺點表現明顯，子女大多孝順，好管閒事。天魁星屬

火，火、火比肩，天魁星特性「男性貴人」、「實質上的幫助」、「開發創選」表現明顯，子女大多有出息。

四化天干為己，武曲星化祿在兄弟宮，子女受兄弟的照顧多。貪狼星化權在疾厄宮，性慾強，慎防肝功能過高。天梁星化科在夫妻宮，子女受其父母栽培往高學歷努力。化忌文曲星在父母宮，父母沒有實上的幫助。

子女宮註語：子女易受到兄弟姊妹的照顧，努力栽培子女，子女有出息，但是陪伴子女時間很少。

六、財帛宮

在戊子宮其宮氣為火，巨門星屬水，水剋火，巨門星特性「猜忌」、「口舌是非」、「食祿」、「紛擾」缺點表現明顯。因此我們可評論其進財方式與口有關的行業，如：餐飲、演員、講師……等。

看其四化，戊天干其化祿貪狼星在疾厄宮，身體強壯財帛亦旺。太陰星化權在遷移宮，其妻掌有生計大權。右弼星化科在田宅宮，能以自己所得之錢，購置新的不動產，或是整修住宅。天機星化忌在福德宮，如要在財帛上有很大的收獲，須改其想法或是性急的個性，方能有成。

七、官祿宮

官祿宮在甲申位其宮氣為水，祿存單座屬土，土剋水，其祿存特性「財富」、「溫和」、「專治巨門星之惡」缺點亦增加，工作保守，創新不易。由於此宮無主星，所以必須參考對宮（借對宮）的星系，天梁星屬土、土剋水，天梁星「清高」、「霸道」特性明顯增加，天同星屬水，水、水比肩，天同之「福氣」、「懶惰」特性表現無餘。

看其四化，甲天干化祿為廉貞星在疾厄宮，勿接近花酒、桃色場所，慎防花柳之疾，破軍星化權在兄弟宮，可得兄弟之助，也要小心被出賣。太陽星化忌在本命，與父親關係不佳，或是聚少離多、及本身正直，作福他人個性的影響，職場煩惱多，為人作嫁。

財帛及官祿宮註語：從事與口有關行業為佳，例如餐飲、演員、講師、業務……等，或是自己創業亦可，配偶幫助多，工作保守，創新速度慢。身體強壯則錢財亦旺，勿近桃色場所為宜。

八、疾厄宮

疾厄在丁亥宮其宮氣為土，廉貞星屬火、木，在此居火，火生土，廉貞星有「邪惡」、「桃色」、「奸詐狡猾」、「助長惡勢力」之特性在疾厄宮不論，則以星性疾厄說明，注意腎氣不

足、泌尿器官。貪狼星屬木、水，土剋水，其特性明顯，有「慾望」、「法術」、「邪惡」、「凶狠」等特性增強，但因在此是疾厄宮，不以此論，鈴星屬火，火生土，鈴星優缺點減弱。

疾厄宮註語：在此身體須防泌尿器官，肝機能，以及牙齒等的疾病。

九、遷移宮

在丙戌宮其宮氣為土，太陰星屬水，在戌宮為廟旺之地，太陰星特性「貞操」、「潔癖」、「花酒」、「財富」、「田產」，在外易有女性朋友協助。

其四化天干為丙化祿為天同星在夫妻宮，必須借助於配偶的助力，天機星化權在福德宮，個性喜動不喜靜，外出運強，本身的想法多，較少受外力影響。文昌星化科在朋友宮，所結交的朋友文筆或學歷不差。廉貞星化忌在疾厄宮，勿接近花酒場所，以防身體之疾。

遷移宮註語：出外易有女性朋友協助，尤其是配偶影響很大，在外不易受到外力所影響，有自己的想法，不宜接近聲色場所。

十、朋友宮

朋友宮在乙酉宮其宮氣為金，天府星屬土，土生金，天府星特性「才能豐富」、「慈悲」、

「尊貴」、「厚重」優缺點將減弱，對朋友多講義氣。文昌星屬金，金、金比肩，文昌特性「考試」、「功名」、「學習」、「顯現於外」、「實質上的」表現明顯，所結交朋友大多有文采之士。羊刃星屬金，金、金比肩，羊刃星特性「殺傷力」、「刀光血災」、「官司訴訟」、「急躁不安」表現明顯，所結交朋友好壞都有（壞是指背後所害）。

看其四化，乙天干化祿天機星在福德宮，個性亦多性急，反應快。天梁星化權在夫妻宮，多少受制於妻子，不敢太大膽。紫微星化科在田宅宮，其所居住房屋環境不錯，化忌在太陰星在遷移宮，外出後不宜接近花酒之場所。

朋友註語：對朋友講義氣，所交往的朋友三教九流都有，若朋友帶去花酒之場所，會被配偶修理。

十一、田宅宮

田宅在癸未宮其宮氣為木，紫微星屬土，木剋土，紫微星特性「尊貴」、「孝順」、「無奈的誘惑」、「不易聽勸」之優點減弱，缺點明顯，田宅進出無定，在家較煩心。破軍星屬水，水生木，破軍星特性「破損」、「消耗」、「賭博」、「投機」、「飄盪」優缺點減弱，居住環境較為複雜。左輔星屬土，木剋土左輔星的特性減弱，也就是沒有實質上的助力，右弼星之優缺減

弱，與右弼相同。陀羅星屬金，金剋木，陀羅星之「三心兩意」、「遲疑阻礙」、「不穩定」……等特性明顯的增強。天鉞星屬火，木生火，天鉞星特性明顯增強，也就是得女性貴人協助時，置產才容易。

看四化，癸天干為化祿破軍星在田宅宮（自化祿）可以投資於不動產之買賣。巨門星化權在財帛宮，喜好投資或購買不動產，登記在自己名下。太陰星化科在遷移宮女性貴人協助。貪狼星化忌在疾厄宮，對於不動產的太強的慾望，並注意本身身體的疾病。

我們下個註語：本身可投資於不動產上，並能擁有不動產，但勿三心兩意，須借助女性的幫助。

十二、父母宮

父母宮在辛巳宮其宮氣為金，文曲星屬水單座，金生水，文曲星「技藝」、「名氣」、「創作」、「隱藏於內精神上的」優點明顯增加，父母好面子。本宮無主星借對宮廉貞星屬火、木，火剋金，因此廉貞星優缺點明顯，與父母溝通觀念不同，貪狼星屬水、木，金生水，貪狼星特性亦明顯，父母有技術、技藝在身，但喜好面子，好排場，個性變化大。

看其四化，辛天干化祿巨門星在財帛宮，父母喜好吹虛，從事餐飲當可賺錢。太陽星化權在本命，父親很有權威。文曲化科在父母宮，自化科，好面子，學習能力強，有創作的頭腦，文昌化忌在，學歷不高，雖有聰明的頭腦，但不喜愛往正規教育走。

父母宮註語：

父親很有權威好面子，表達力強，有學習力、創新的頭腦，但不是依正規教育走，父母親若從事餐飲可以賺到錢。

以上綜合十二宮之評語乃為先天之命，初學者或為他人「論命」者，基本上都必須如此說明，才能使他人對本身之對命盤上有最基本之了解，不可以偏概全否則將失去紫微斗數論命之意義，希望各位讀過本書有所收穫，知己知彼，對待他人更須隱惡揚善，寬宏大量，筆者希望用一系列的理論架構來闡述論斷之原理及推論原則，以理論命，以理論運，找出不準確的地方，加以修正，而不流於迷信。

相信以上的範例，可以從中可以學習到怎樣批「命」的訣竅嗎？若沒有請再看多看幾次，如此一來必能替你的週遭朋友，論命一番，從中學習到經驗，相信你可以領悟到其中的方法。

附錄

附錄一

年干支對照表

西元	民國	干支年	生肖
一九一二年	元年	壬子年	鼠
一九一三年	二年	癸丑年	牛
一九一四年	三年	甲寅年	虎
一九一五年	四年	乙卯年	兔
一九一六年	五年	丙辰年	龍
一九一七年	六年	丁巳年	蛇
一九一八年	七年	戊午年	馬
一九一九年	八年	己未年	羊
一九二〇年	九年	庚申年	猴
一九二一年	一〇年	辛酉年	雞
一九二二年	一一年	壬戌年	狗

西元	民國	干支年	生肖
一九四三年	三二年	癸未年	羊
一九四四年	三三年	甲申年	猴
一九四五年	三四年	乙酉年	雞
一九四六年	三五年	丙戌年	狗
一九四七年	三六年	丁亥年	豬
一九四八年	三七年	戊子年	鼠
一九四九年	三八年	己丑年	牛
一九五〇年	三九年	庚寅年	虎
一九五一年	四〇年	辛卯年	兔
一九五二年	四一年	壬辰年	龍
一九五三年	四二年	癸巳年	蛇

西元	民國	干支年	生肖
一九七四年	六三年	甲寅年	虎
一九七五年	六四年	乙卯年	兔
一九七六年	六五年	丙辰年	龍
一九七七年	六六年	丁巳年	蛇
一九七八年	六七年	戊午年	馬
一九七九年	六八年	己未年	羊
一九八〇年	六九年	庚申年	猴
一九八一年	七〇年	辛酉年	雞
一九八二年	七一年	壬戌年	狗
一九八三年	七二年	癸亥年	豬
一九八四年	七三年	甲子年	鼠

一九二三年	一二年	癸亥年	豬	一九五四年	四三年	甲午年	馬	一九八五年	七四年	乙丑年	牛
一九二四年	一三年	甲子年	鼠	一九五五年	四四年	乙未年	羊	一九八六年	七五年	丙寅年	虎
一九二五年	一四年	乙丑年	牛	一九五六年	四五年	丙申年	猴	一九八七年	七六年	丁卯年	兔
一九二六年	一五年	丙寅年	虎	一九五七年	四六年	丁酉年	雞	一九八八年	七七年	戊辰年	龍
一九二七年	一六年	丁卯年	兔	一九五八年	四七年	戊戌年	狗	一九八九年	七八年	己巳年	蛇
一九二八年	一七年	戊辰年	龍	一九五九年	四八年	己亥年	豬	一九九〇年	七九年	庚午年	馬
一九二九年	一八年	己巳年	蛇	一九六〇年	四九年	庚子年	鼠	一九九一年	八〇年	辛未年	羊
一九三〇年	一九年	庚午年	馬	一九六一年	五〇年	辛丑年	牛	一九九二年	八一年	壬申年	猴
一九三一年	二〇年	辛未年	羊	一九六二年	五一年	壬寅年	虎	一九九三年	八二年	癸酉年	雞
一九三二年	二一年	壬申年	猴	一九六三年	五二年	癸卯年	兔	一九九四年	八三年	甲戌年	狗
一九三三年	二二年	癸酉年	雞	一九六四年	五三年	甲辰年	龍	一九九五年	八四年	乙亥年	豬
一九三四年	二三年	甲戌年	狗	一九六五年	五四年	乙巳年	蛇	一九九六年	八五年	丙子年	鼠
一九三五年	二四年	乙亥年	豬	一九六六年	五五年	丙午年	馬	一九九七年	八六年	丁丑年	牛
一九三六年	二五年	丙子年	鼠	一九六七年	五六年	丁未年	羊	一九九八年	八七年	戊寅年	虎
一九三七年	二六年	丁丑年	牛	一九六八年	五七年	戊申年	猴	一九九九年	八八年	己卯年	兔
一九三八年	二七年	戊寅年	虎	一九六九年	五八年	己酉年	雞	二〇〇〇年	八九年	庚辰年	龍
一九三九年	二八年	己卯年	兔	一九七〇年	五九年	庚戌年	狗	二〇〇一年	九〇年	辛巳年	蛇
一九四〇年	二九年	庚辰年	龍	一九七一年	六〇年	辛亥年	豬	二〇〇二年	九一年	壬午年	馬
一九四一年	三〇年	辛巳年	蛇	一九七二年	六一年	壬子年	鼠	二〇〇三年	九二年	癸未年	羊
一九四二年	三一年	壬午年	馬	一九七三年	六二年	癸丑年	牛	二〇〇四年	九三年	甲申年	猴

西元	民國	干支年	生肖
二〇〇五	九四年	乙酉年	雞
二〇〇六	九五年	丙戌年	狗
二〇〇七	九六年	丁亥年	豬
二〇〇八	九七年	戊子年	鼠
二〇〇九	九八年	己丑年	牛
二〇一〇	九九年	庚寅年	虎
二〇一一	一〇〇年	辛卯年	兔
二〇一二	一〇一年	壬辰年	龍
二〇一三	一〇二年	癸巳年	蛇
二〇一四	一〇三年	甲午年	馬
二〇一五	一〇四年	乙未年	羊
二〇一二	一〇一年	壬辰年	龍
二〇一三	一〇二年	癸巳年	蛇
二〇一四	一〇三年	甲午年	馬
二〇一五	一〇四年	乙未年	羊
二〇一六	一〇五年	丙申年	猴
二〇一七	一〇六年	丁酉年	雞
二〇一八	一〇七年	戊戌年	狗
二〇一九	一〇八年	己亥年	豬
二〇二〇	一〇九年	庚子年	鼠
二〇二一	一一〇年	辛丑年	牛
二〇二二	一一一年	壬寅年	虎
二〇二三	一一二年	癸卯年	兔
二〇二四	一一三年	甲辰年	龍
二〇二五	一一四年	乙巳年	蛇
二〇二六	一一五年	丙午年	馬
二〇二七	一一六年	丁未年	羊
二〇二八	一一七年	戊申年	猴
二〇二九	一一八年	己酉年	雞
二〇三〇	一一九年	庚戌年	狗
二〇三一	一二〇年	辛亥年	豬
二〇三二	一二一年	壬子年	鼠
二〇三三	一二二年	癸丑年	牛
二〇三四	一二三年	甲寅年	虎
二〇三五	一二四年	乙卯年	兔
二〇三六	一二五年	丙辰年	龍
二〇三七	一二六年	丁巳年	蛇
二〇三八	一二七年	戊午年	馬
二〇三九	一二八年	己未年	羊
二〇四〇	一二九年	庚申年	猴
二〇四一	一三〇年	辛酉年	雞
二〇四二	一三一年	壬戌年	狗
二〇四三	一三二年	癸亥年	豬
二〇四四	一三三年	甲子年	鼠
二〇四五	一三四年	乙丑年	牛
二〇四六	一三五年	丙寅年	虎
二〇四七	一三六年	丁卯年	兔
二〇四八	一三七年	戊辰年	龍
二〇四九	一三八年	己巳年	蛇
二〇五〇	一三九年	庚午年	馬
二〇五一	一四〇年	辛未年	羊
二〇五二	一四一年	壬申年	猴
二〇五三	一四二年	癸酉年	雞
二〇五四	一四三年	甲戌年	狗
二〇五五	一四四年	乙亥年	豬
二〇五六	一四五年	丙子年	鼠
二〇五七	一四六年	丁丑年	牛
二〇五八	一四七年	戊寅年	虎
二〇五九	一四八年	己卯年	兔
二〇六〇	一四九年	庚辰年	龍
二〇六一	一五〇年	辛巳年	蛇
二〇六二	一五一年	壬矢年	馬
二〇六三	一五二年	癸未年	羊

附錄二 紫微排盤速查表

一、時辰轉換地支表

時間	時辰
23:00～01:00	子
01:00～03:00	丑
03:00～05:00	寅
05:00～07:00	卯
07:00～09:00	辰
09:00～11:00	巳
11:00～13:00	午
13:00～15:00	未
15:00～17:00	申
17:00～19:00	酉
19:00～21:00	戌
21:00～23:00	亥

二、安命宮及身宮表

生時	生月	正月	二月	三月	四月	五月	六月	七月	八月	九月	十月	十一月	十二月
子	命身	寅	卯	辰	巳	午	未	申	酉	戌	亥	子	丑
丑	命	丑	寅	卯	辰	巳	午	未	申	酉	戌	亥	子
	身	卯	辰	巳	午	未	申	酉	戌	亥	子	丑	寅
寅	命	子	丑	寅	卯	辰	巳	午	未	申	酉	戌	亥
	身	辰	巳	午	未	申	酉	戌	亥	子	丑	寅	卯
卯	命	亥	子	丑	寅	卯	辰	巳	午	未	申	酉	戌
	身	巳	午	未	申	酉	戌	亥	子	丑	寅	卯	辰
辰	命	戌	亥	子	丑	寅	卯	辰	巳	午	未	申	酉
	身	午	未	申	酉	戌	亥	子	丑	寅	卯	辰	巳
巳	命	酉	戌	亥	子	丑	寅	卯	辰	巳	午	未	申
	身	未	申	酉	戌	亥	子	丑	寅	卯	辰	巳	午
午	命身	申	酉	戌	亥	子	丑	寅	卯	辰	巳	午	未
未	命	未	申	酉	戌	亥	子	丑	寅	卯	辰	巳	午
	身	酉	戌	亥	子	丑	寅	卯	辰	巳	午	未	申
申	命	午	未	申	酉	戌	亥	子	丑	寅	卯	辰	巳
	身	戌	亥	子	丑	寅	卯	辰	巳	午	未	申	酉
酉	命	巳	午	未	申	酉	戌	亥	子	丑	寅	卯	辰
	身	亥	子	丑	寅	卯	辰	巳	午	未	申	酉	戌
戌	命	辰	巳	午	未	申	酉	戌	亥	子	丑	寅	卯
	身	子	丑	寅	卯	辰	巳	午	未	申	酉	戌	亥
亥	命	卯	辰	巳	午	未	申	酉	戌	亥	子	丑	寅
	身	丑	寅	卯	辰	巳	午	未	申	酉	戌	亥	子

附註：閏月十五日前生者上月，十六日以後做下月論。

三、定十二宮表

命宮	兄弟	夫妻	子女	財帛	疾厄	遷移	僕役	官祿	田宅	福德	父母	身宮
子	亥	戌	酉	申	未	午	巳	辰	卯	寅	丑	身宮常附在宮職之內，不一定身命同宮。
丑	子	亥	戌	酉	申	未	午	巳	辰	卯	寅	
寅	丑	子	亥	戌	酉	申	未	午	巳	辰	卯	
卯	寅	丑	子	亥	戌	酉	申	未	午	巳	辰	
辰	卯	寅	丑	子	亥	戌	酉	申	未	午	巳	
巳	辰	卯	寅	丑	子	亥	戌	酉	申	未	午	
午	巳	辰	卯	寅	丑	子	亥	戌	酉	申	未	
未	午	巳	辰	卯	寅	丑	子	亥	戌	酉	申	
申	未	午	巳	辰	卯	寅	丑	子	亥	戌	酉	
酉	申	未	午	巳	辰	卯	寅	丑	子	亥	戌	
戌	酉	申	未	午	巳	辰	卯	寅	丑	子	亥	
亥	戌	酉	申	未	午	巳	辰	卯	寅	丑	子	

四、定十二宮天干表

十二宮／本生年干	甲、己	乙、庚	丙、辛	丁、壬	戊、癸
寅	丙	戊	庚	壬	甲
卯	丁	己	辛	癸	乙
辰	戊	庚	壬	甲	丙
巳	己	辛	癸	乙	丁
午	庚	壬	甲	丙	戊
未	辛	癸	乙	丁	己
申	壬	甲	丙	戊	庚
酉	癸	乙	丁	己	辛
戌	甲	丙	戊	庚	壬
亥	乙	丁	己	辛	癸
子	丙	戊	庚	壬	甲
丑	丁	己	辛	癸	乙

五、定五行局表

命宮＼本生年干	甲、己	乙、庚	丙、辛	丁、壬	戊、癸
子丑	水二局	火六局	土五局	木三局	金四局
寅卯	火六局	土五局	木三局	金四局	水二局
辰巳	木三局	金四局	水二局	火六局	土五局
午未	土五局	木三局	金四局	水二局	火六局
申酉	金四局	水二局	火六局	土五局	木三局
戌亥	火六局	土五局	木三局	金四局	水二局

六、起紫微表

生日＼五行局	水二局	木三局	金四局	土五局	火六局
初一	丑	辰	亥	午	酉
初二	寅	丑	辰	亥	午
初三	寅	寅	丑	辰	亥
初四	卯	巳	寅	丑	辰
初五	卯	寅	子	寅	丑
初六	辰	卯	巳	未	寅
初七	辰	午	寅	子	戌
初八	巳	卯	卯	巳	未
初九	巳	辰	丑	寅	子
初十	午	未	午	卯	巳
十一	午	辰	卯	申	寅
十二	未	巳	辰	丑	卯
十三	未	申	寅	午	亥
十四	申	巳	未	卯	申
十五	申	午	辰	辰	丑
十六	酉	酉	巳	酉	午
十七	酉	午	卯	寅	卯
十八	戌	未	申	未	辰
十九	戌	戌	巳	辰	子
二十	亥	未	午	巳	酉
廿一	亥	申	辰	戌	寅
廿二	子	亥	酉	卯	未
廿三	子	申	午	申	辰
廿四	丑	酉	未	巳	巳
廿五	丑	子	巳	午	丑
廿六	寅	酉	戌	亥	戌
廿七	寅	戌	未	辰	卯
廿八	卯	丑	申	酉	申
廿九	卯	戌	午	午	巳
三十	辰	亥	亥	未	午

七、安紫微諸星表

	甲				
紫微星位置	天機	太陽	武曲	天同	廉貞
子	亥	酉	申	未	辰
丑	子	戌	酉	申	巳
寅	丑	亥	戌	酉	午
卯	寅	子	亥	戌	未
辰	卯	丑	子	亥	申
巳	辰	寅	丑	子	酉
午	巳	卯	寅	丑	戌
未	午	辰	卯	寅	亥
申	未	巳	辰	卯	子
酉	申	午	巳	辰	丑
戌	酉	未	午	巳	寅
亥	戌	申	未	午	卯

八、定天府星表

	甲
紫微星位置	天府星
子	辰
丑	卯
寅	寅
卯	丑
辰	子
巳	亥
午	戌
未	酉
申	申
酉	未
戌	午
亥	巳

九、安天府諸星表

	甲						
天府星	太陰	貪狼	巨門	天相	天梁	七殺	破軍
子	丑	寅	卯	辰	巳	午	戌
丑	寅	卯	辰	巳	午	未	亥
寅	卯	辰	巳	午	未	申	子
卯	辰	巳	午	未	申	酉	丑
辰	巳	午	未	申	酉	戌	寅
巳	午	未	申	酉	戌	亥	卯
午	未	申	酉	戌	亥	子	辰
未	申	酉	戌	亥	子	丑	巳
申	酉	戌	亥	子	丑	寅	午
酉	戌	亥	子	丑	寅	卯	未
戌	亥	子	丑	寅	卯	辰	申
亥	子	丑	寅	卯	辰	巳	酉

十、安時系星表

諸星生年支／生年時	甲		甲								乙			
			寅午戌		申子辰		巳酉丑		亥卯未					
	文昌	文曲	火星	鈴星	火星	鈴星	火星	鈴星	火星	鈴星	地劫	天空	台輔	封誥
子	戌	辰	丑	卯	寅	戌	卯	戌	酉	戌	亥	亥	午	寅
丑	酉	巳	寅	辰	卯	亥	辰	亥	戌	亥	子	戌	未	卯
寅	申	午	卯	巳	辰	子	巳	子	亥	子	丑	酉	申	辰
卯	未	未	辰	午	巳	丑	午	丑	子	丑	寅	申	酉	巳
辰	午	申	巳	未	午	寅	未	寅	丑	寅	卯	未	戌	午
巳	巳	酉	午	申	未	卯	申	卯	寅	卯	辰	午	亥	未
午	辰	戌	未	酉	申	辰	酉	辰	卯	辰	巳	巳	子	申
未	卯	亥	申	戌	酉	巳	戌	巳	辰	巳	午	辰	丑	酉
申	寅	子	酉	亥	戌	午	亥	午	巳	午	未	卯	寅	戌
酉	丑	丑	戌	子	亥	未	子	未	午	未	申	寅	卯	亥
戌	子	寅	亥	丑	子	申	丑	申	未	申	酉	丑	辰	子
亥	亥	卯	子	寅	丑	酉	寅	酉	申	酉	戌	子	巳	丑

十一、安月系諸星表

諸星 ╲ 生年時	左輔	右弼	天刑	天姚	天馬	解神	天巫	天月	陰煞
星級	甲		乙						
正月	辰	戌	酉	丑	申	申	巳	戌	寅
二月	巳	酉	戌	寅	巳	申	申	巳	子
三月	午	申	亥	卯	寅	戌	寅	辰	戌
四月	未	未	子	辰	亥	戌	亥	寅	申
五月	申	午	丑	巳	申	子	巳	未	午
六月	酉	巳	寅	午	巳	子	申	卯	辰
七月	戌	辰	卯	未	寅	寅	寅	亥	寅
八月	亥	卯	辰	申	亥	寅	亥	未	子
九月	子	寅	巳	酉	申	辰	巳	寅	戌
十月	丑	丑	午	戌	巳	辰	申	午	申
十一月	寅	子	未	亥	寅	午	寅	戌	午
十二月	卯	亥	申	子	亥	午	亥	寅	辰

十二、安日系諸星表

星級	諸星	安星方法
乙	三台	從左輔上起初一，順行，數到本日生。
	八座	從右弼上起初一，逆行，數到本日生。
	恩光	從文昌上起初一，順行，數到本日生再退後一步。
	天貴	從文曲上起初一，順行，數到本日生再退後一步。

十三、安干系諸星表

生年干	祿存	擎羊	陀羅	天魁	天鉞	化祿	化權	化科	化忌	天官	天福	天廚	流年文昌
	甲					甲				乙		丙	甲
甲	寅	卯	丑	丑	未	廉貞	破軍	武曲	太陽	未	酉	巳	巳
乙	卯	辰	寅	子	申	天機	天梁	紫微	太陰	辰	申	午	午
丙	巳	午	辰	亥	酉	天同	天機	文昌	廉貞	巳	子	子	申
丁	午	未	巳	亥	酉	太陰	天同	天機	巨門	寅	亥	巳	酉
戊	巳	午	辰	丑	未	貪狼	太陰	右弼	天機	卯	卯	午	申
己	午	未	巳	子	申	武曲	貪狼	天梁	文曲	酉	寅	申	酉
庚	申	酉	未	丑	未	太陽	武曲	太陰	天同	亥	午	寅	亥
辛	酉	戌	申	午	寅	巨門	太陽	文曲	文昌	酉	巳	午	子
壬	亥	子	戌	卯	巳	天梁	紫微	左輔	武曲	戌	午	酉	寅
癸	子	丑	亥	卯	巳	破軍	巨門	太陰	貪狼	午	巳	亥	卯

十四、安生年博士十二星法

丙	
不論男女命，尋找祿存星所在的宮位起博士，陽男陰女順行，陰男陽女逆行。	博士、力士、青龍、小耗、將軍、奏書、飛廉、喜神、病符、大耗、伏兵、官府

十五、安支系諸星表

	生年支	子	丑	寅	卯	辰	巳	午	未	申	酉	戌	亥
乙	天哭	午	巳	辰	卯	寅	丑	子	亥	戌	酉	申	未
	天虛	午	未	申	酉	戌	亥	子	丑	寅	卯	辰	巳
乙	龍池	辰	巳	午	未	申	酉	戌	亥	子	丑	寅	卯
	鳳閣	戌	酉	申	未	午	巳	辰	卯	寅	丑	子	亥
乙	紅鸞	卯	寅	丑	子	亥	戌	酉	申	未	午	巳	辰
	天喜	酉	申	未	午	巳	辰	卯	寅	丑	子	亥	戌
乙	孤辰	寅	寅	巳	巳	巳	申	申	申	亥	亥	亥	寅
	寡宿	戌	戌	丑	丑	丑	辰	辰	辰	未	未	未	戌
乙	蜚廉	申	酉	戌	巳	午	未	寅	卯	辰	亥	子	丑
	破碎	巳	丑	酉	巳	丑	酉	巳	丑	酉	巳	丑	酉
乙	天才	命宮	父母	福德	田宅	官祿	僕役	遷移	疾厄	財帛	子女	夫妻	兄弟
	天壽	由身宮起子，順行，數至本生年支，即安天壽星											

十六、安五行長生十二星表

局數	星級	丙											
	順逆	長生	沐浴	冠帶	臨官	帝旺	衰	病	死	墓	絕	胎	養
水二局	陽男陰女	申	酉	戌	亥	子	丑	寅	卯	辰	巳	午	未
	陰男陽女		未	午	巳	辰	卯	寅	丑	子	亥	戌	酉
木三局	陽男陰女	亥	子	丑	寅	卯	辰	巳	午	未	申	酉	戌
	陰男陽女		戌	酉	申	未	午	巳	辰	卯	寅	丑	子
金四局	陽男陰女	巳	午	未	申	酉	戌	亥	子	丑	寅	卯	辰
	陰男陽女		辰	卯	寅	丑	子	亥	戌	酉	申	未	午
土五局	陽男陰女	申	酉	戌	亥	子	丑	寅	卯	辰	巳	午	未
	陰男陽女		未	午	巳	辰	卯	寅	丑	子	亥	戌	酉
火六局	陽男陰女	寅	卯	辰	巳	午	未	申	酉	戌	亥	子	丑
	陰男陽女		丑	子	亥	戌	酉	申	未	午	巳	辰	卯

十七、安截路空亡表

生年干	甲	己	乙	庚	丙	辛	丁	壬	戊	癸
丙 截空	申	酉	午	未	辰	巳	寅	卯	子	丑

十八、安旬空（空亡）表

年干＼年支 旬中空	戌亥	申酉	午未	辰巳	寅卯	子丑
甲	子	戌	申	午	辰	寅
乙	丑	亥	酉	未	巳	卯
丙	寅	子	戌	申	午	辰
丁	卯	丑	亥	酉	未	巳
戊	辰	寅	子	戌	申	午
己	巳	卯	丑	亥	酉	未
庚	午	辰	寅	子	戌	申
辛	未	巳	卯	丑	亥	酉
壬	申	午	辰	寅	子	戌
癸	酉	未	巳	卯	丑	亥

十九、安天傷、天使表

	丙	
命宮位置	天傷	天使
子	巳	未
丑	午	申
寅	未	酉
卯	申	戌
辰	酉	亥
巳	戌	子
午	亥	丑
未	子	寅
申	丑	卯
酉	寅	辰
戌	卯	巳
亥	辰	午

註：天傷永在僕役宮、天使永在疾厄宮

二十、安命主表

命宮	命主
子	貪狼
丑	巨門
寅	祿存
卯	文曲
辰	廉貞
巳	武曲
午	破軍
未	武曲
申	廉貞
酉	文曲
戌	祿存
亥	巨門

二十一、安身主表

出生年支	身主
子	火星
丑	天相
寅	天梁
卯	天同
辰	文昌
巳	天機
午	火星
未	天相
申	天梁
酉	天同
戌	文昌
亥	天機

二十二、安流年將前諸星

	年支	寅午戌	申子辰	巳酉丑	亥卯未
丁	將星	午	子	酉	卯
	攀鞍	未	丑	戌	辰
	歲驛	申	寅	亥	巳
戊	息神	酉	卯	子	午
丁	華蓋	戌	辰	丑	未
戊	劫煞	亥	巳	寅	申
	災煞	子	午	卯	酉
	天煞	丑	未	辰	戌
	指背	寅	申	巳	亥
	咸池	卯	酉	午	子
	月煞	辰	戌	未	丑
	亡神	巳	亥	申	寅

二十三、安流年歲前諸星表

	丁	戊						丁	戊	丁	戊	
年支	歲建	晦氣	喪門	貫索	官符	小耗	大耗	龍德	白虎	天德	弔客	病符
子	子	丑	寅	卯	辰	巳	午	未	申	酉	戌	亥
丑	丑	寅	卯	辰	巳	午	未	申	酉	戌	亥	子
寅	寅	卯	辰	巳	午	未	申	酉	戌	亥	子	丑
卯	卯	辰	巳	午	未	申	酉	戌	亥	子	丑	寅
辰	辰	巳	午	未	申	酉	戌	亥	子	丑	寅	卯
巳	巳	午	未	申	酉	戌	亥	子	丑	寅	卯	辰
午	午	未	申	酉	戌	亥	子	丑	寅	卯	辰	巳
未	未	申	酉	戌	亥	子	丑	寅	卯	辰	巳	午
申	申	酉	戌	亥	子	丑	寅	卯	辰	巳	午	未
酉	酉	戌	亥	子	丑	寅	卯	辰	巳	午	未	申
戌	戌	亥	子	丑	寅	卯	辰	巳	午	未	申	酉
亥	亥	子	丑	寅	卯	辰	巳	午	未	申	酉	戌

二十四、起大限表

五行局	順逆	命宮	兄弟	夫妻	子女	財帛	疾厄
水二局	陽男陰女	2-11	112-121	102-111	92-101	82-91	72-81
	陰男陽女	2-11	12-21	22-31	32-41	42-51	52-61
木三局	陽男陰女	3-12	113-122	103-112	93-102	83-92	73-82
	陰男陽女	3-12	13-22	23-32	33-42	43-52	53-62
金四局	陽男陰女	4-13	114-123	104-113	94-103	84-93	74-83
	陰男陽女	4-13	14-23	24-33	34-43	44-53	54-63
土五局	陽男陰女	5-14	115-124	105-114	95-104	85-94	75-84
	陰男陽女	5-14	15-24	25-34	35-44	45-54	55-64
火六局	陽男陰女	6-15	116-125	106-115	96-105	86-95	76-85
	陰男陽女	6-15	16-25	26-35	36-45	46-55	56-65

父母	福德	田宅	官祿	僕役	遷移
12-21	22-31	32-41	42-51	52-61	62-71
112-121	102-111	92-101	82-91	72-81	62-71
13-22	23-32	33-42	43-52	53-62	63-72
113-122	103-112	93-102	83-92	73-82	63-72
14-23	24-33	34-43	44-53	54-63	64-73
114-123	104-113	94-103	84-93	74-83	64-73
15-24	25-34	35-44	45-54	55-64	65-74
115-124	105-114	95-104	85-94	75-84	65-74
16-25	26-35	36-45	46-55	56-65	66-75
116-125	106-115	96-105	86-95	76-85	66-75

二十五、安小限表

小限之歲												
	1	2	3	4	5	6	7	8	9	10	11	12
	13	14	15	16	17	18	19	20	21	22	23	24
	25	26	27	28	29	30	31	32	33	34	35	36
	37	38	39	40	41	42	43	44	45	46	47	48
	49	50	51	52	53	54	55	56	57	58	59	60
	61	62	63	64	65	66	67	68	69	70	71	72
	73	74	75	76	77	78	79	80	81	82	83	84
	85	86	87	88	89	90	91	92	93	94	95	96
	97	98	99	100	101	102	103	104	105	106	107	108
本年支	109	110	111	112	113	114	115	116	117	118	119	120
寅午戌 男	辰	巳	午	未	申	酉	戌	亥	子	丑	寅	卯
寅午戌 女	辰	卯	寅	丑	子	亥	戌	酉	申	未	午	巳
申子辰 男	戌	亥	子	丑	寅	卯	辰	巳	午	未	申	酉
申子辰 女	戌	酉	申	未	午	巳	辰	卯	寅	丑	子	亥
巳酉丑 男	未	申	酉	戌	亥	子	丑	寅	卯	辰	巳	午
巳酉丑 女	未	午	巳	辰	卯	寅	丑	子	亥	戌	酉	申
亥卯未 男	丑	寅	卯	辰	巳	午	未	申	酉	戌	亥	子
亥卯未 女	丑	子	亥	戌	酉	申	未	午	巳	辰	卯	寅

二十六、安子年斗君表

生日＼生時	正月	二月	三月	四月	五月	六月	七月	八月	九月	十月	十一月	十二月
子	子	亥	戌	酉	申	未	午	巳	辰	卯	寅	丑
丑	丑	子	亥	戌	酉	申	未	午	巳	辰	卯	寅
寅	寅	丑	子	亥	戌	酉	申	未	午	巳	辰	卯
卯	卯	寅	丑	子	亥	戌	酉	申	未	午	巳	辰
辰	辰	卯	寅	丑	子	亥	戌	酉	申	未	午	巳
巳	巳	辰	卯	寅	丑	子	亥	戌	酉	申	未	午
午	午	巳	辰	卯	寅	丑	子	亥	戌	酉	申	未
未	未	午	巳	辰	卯	寅	丑	子	亥	戌	酉	申
申	申	未	午	巳	辰	卯	寅	丑	子	亥	戌	酉
酉	酉	申	未	午	巳	辰	卯	寅	丑	子	亥	戌
戌	戌	酉	申	未	午	巳	辰	卯	寅	丑	子	亥
亥	亥	戌	酉	申	未	午	巳	辰	卯	寅	丑	子

附錄三

紫微星配置圖

太陰 巳	貪狼 午	天同巨門 未	武曲天相 申
廉貞天府 辰	紫微星在子		太陽天梁 酉
卯			七殺 戌
破軍 寅	丑	紫微 子	天機 亥

廉貞貪狼 巳	巨門 午	天相 未	天同天梁 申
太陰 辰	紫微星在丑		武曲七殺 酉
天府 卯			太陽 戌
寅	紫微破軍 丑	天機 子	亥

巨門 巳	廉貞天相 午	天梁 未	七殺 申
貪狼 辰	紫微星在寅		天同 酉
太陰 卯			武曲 戌
紫微天府 寅	天機 丑	破軍 子	太陽 亥

天 相 巳	天 梁 午	廉七 貞殺 未	申
巨 門 辰	紫微星在卯		酉
紫貪 微狼 卯			天 同 戌
天太 機陰 寅	天 府 丑	太 陽 子	武破 曲軍 亥

天 梁 巳	七 殺 午	未	廉 貞 申
紫天 微相 辰	紫微星在辰		酉
天巨 機門 卯			破 軍 戌
貪 狼 寅	太太 陽陰 丑	武天 曲府 子	天 同 亥

紫七 微殺 巳	午	未	申
天天 機梁 辰	紫微星在巳		廉破 貞軍 酉
天 相 卯			戌
太巨 陽門 寅	武貪 曲狼 丑	天太 同陰 子	天 府 亥

<table>
<tr><td>天機
巳</td><td>紫微
午</td><td>未</td><td>破軍
申</td></tr>
<tr><td>七殺
辰</td><td rowspan="2" colspan="2">紫微星在午</td><td>酉</td></tr>
<tr><td>太陽 天梁
卯</td><td>廉貞 天府
戌</td></tr>
<tr><td>武曲 天相
寅</td><td>天同 巨門
丑</td><td>貪狼
子</td><td>太陰
亥</td></tr>
</table>

<table>
<tr><td>巳</td><td>天機
午</td><td>紫微 破軍
未</td><td>申</td></tr>
<tr><td>太陽
辰</td><td rowspan="2" colspan="2">紫微星在未</td><td>天府
酉</td></tr>
<tr><td>武曲 七殺
卯</td><td>太陰
戌</td></tr>
<tr><td>天同 天梁
寅</td><td>天相
丑</td><td>巨門
子</td><td>廉貞 貪狼
亥</td></tr>
</table>

<table>
<tr><td>太陽
巳</td><td>破軍
午</td><td>天機
未</td><td>紫微 天府
申</td></tr>
<tr><td>武曲
辰</td><td rowspan="2" colspan="2">紫微星在申</td><td>太陰
酉</td></tr>
<tr><td>天同
卯</td><td>貪狼
戌</td></tr>
<tr><td>七殺
寅</td><td>天梁
丑</td><td>廉貞 天相
子</td><td>巨門
亥</td></tr>
</table>

武曲 破軍 巳	太陽 午	天府 未	天機 太陰 申
天同 辰	紫微星在酉		紫微 貪狼 酉
卯			巨門 戌
寅	廉貞 七殺 丑	天梁 子	天相 亥

天同 巳	武曲 天府 午	太陽 太陰 未	貪狼 申
破軍 辰	紫微星在戌		天機 巨門 酉
卯			紫微 天相 戌
廉貞 寅	丑	七殺 子	天梁 亥

天府 巳	天同 太陰 午	武曲 貪狼 未	太陽 巨門 申
辰	紫微星在亥		天相 酉
廉貞 破軍 卯			天機 天梁 戌
寅	丑	子	紫微 七殺 亥

附錄四 六十甲子納音五行表

六十甲子納音五行，以天干年將十二地支所組成各宮干支，是依「五行冠蓋訣」（五虎遁）展開十二宮位，在各宮配合天干，天干地支之五行寫出來，在應用上方便查詢，使用上可以配合附件「紫微星配置圖」使用。

己巳木	庚午土	辛未土	壬申金
戊辰木	甲己年		癸酉金
丁卯火			甲戌火
丙寅火	丁丑水	丙子水	乙亥火

辛巳金	壬午木	癸未木	甲申水
庚辰金	乙庚年		乙酉水
己卯土			丙戌土
戊寅土	己丑火	戊子火	丁亥土

<table>
<tr><td>癸
水巳</td><td>甲
金午</td><td>乙
金未</td><td>丙
火申</td></tr>
<tr><td>壬
水辰</td><td colspan="2" rowspan="2">丙辛年</td><td>丁
火酉</td></tr>
<tr><td>辛
木卯</td><td>戊
木戌</td></tr>
<tr><td>庚
木寅</td><td>辛
土丑</td><td>庚
土子</td><td>乙
木亥</td></tr>
</table>

<table>
<tr><td>乙
火巳</td><td>丙
水午</td><td>丁
水未</td><td>戊
土申</td></tr>
<tr><td>甲
火辰</td><td colspan="2" rowspan="2">丁壬年</td><td>乙
土酉</td></tr>
<tr><td>癸
金卯</td><td>庚
金戌</td></tr>
<tr><td>壬
金寅</td><td>癸
木丑</td><td>壬
木子</td><td>辛
金亥</td></tr>
</table>

<table>
<tr><td>丁
土巳</td><td>戊
火午</td><td>己
火未</td><td>庚
木申</td></tr>
<tr><td>丙
土辰</td><td colspan="2" rowspan="2">戊癸年</td><td>辛
木酉</td></tr>
<tr><td>乙
水卯</td><td>壬
水戌</td></tr>
<tr><td>甲
水寅</td><td>乙
金丑</td><td>甲
金子</td><td>癸
水亥</td></tr>
</table>

附錄五

排盤軟體介紹

本排盤軟介紹推薦是以「星鑰排盤」（https://meen.tw）為主，是一個非常專業的、全方位的紫微斗數排盤商業等級的軟體，免費會員使用，是過去PC版的實用版，動盤顯示到流年盤變化，免費功能超乎你的想像，對於一般使用者足夠使用，跨平台操作，可以依自己喜好去設定，客群分析，客戶特定宮位查詢，也請大家多支持。

筆者的研究心得結論，紫微斗數命盤星曜變化是很重要的，在流運時會變化，可稱為動盤。本命盤是記錄出生當時的環境情形，是一個人的基本特質，動盤是要依據當時之時間與空間，星曜、四化變化的依據。

例如流年時的太歲星，每年都會變化，不會只在一個位置上，歲建星系就會變動，這是環境變化的星曜；又如祿存星在本命盤的位置，與動盤十年祿存星在何位置（本排盤軟體動盤以「大祿」表示，顯示需要設定），流年祿存星在何位置（動盤以「流祿」表示），三種祿存方式都有顯示出來，方便看盤，不會遺漏。

若動盤有顯示是在流年走到羊刃星（擎羊星）疊（組合）到最多時，例如本命羊刃星與流年羊刃星（流羊）在流年遷移宮，則意外、受傷等發生機率很高，只要在專業等級的工具軟體才有，在判斷上不會差之毫釐失之千里，特別推薦本軟體使用。

紫微斗數最麻煩的是要排盤，尤其是動盤，若用手工排盤曠日費時，有時候常出錯，拜電腦科技之賜，在最短時間內可以完成排盤，在這裡介紹強大專業級紫微斗數排盤軟體，光是免費部份的功能就很強大，要先註冊成為會員才能有專業級的服務，讀者可以到「星鑰排盤」（https://meen.tw/）註冊使用，無論是用桌機、手機、平版電腦，不同的作業系統，全部可以使用，需要網頁使用。

當你註冊完成開啟使用時，先新增一筆客戶資料，可以輸入自己的出生時間，就會排出來命盤，若還是不懂，請參考操作方法，按圖索驥即可。這裡提出常用的功能說明，利用工具可以做更深入的研究及應用，在未來可以建立更精準判斷方式。

一、宮位星曜排列說明：

星曜做了結構化的排列，主要是方便閱讀及尋找星曜，如圖一星曜排列所示，甲級星位置，次級星位置，四化位置，區分生年四化、宮自化顯示（底色有色塊白色字），流年星曜顯示（長生星系、博士星系、歲前系、將前星系），宮職、大運（大限）、小限、宮干支，宮五行，這裡宮五行是本圖為例，乙卯為父母宮，乙卯之五行為水，為何要提供此功能，因為宮五行一般稱為宮氣，是判斷星曜在此星展現的強或弱，快速可以判斷星曜之變化。

圖一　星曜排列

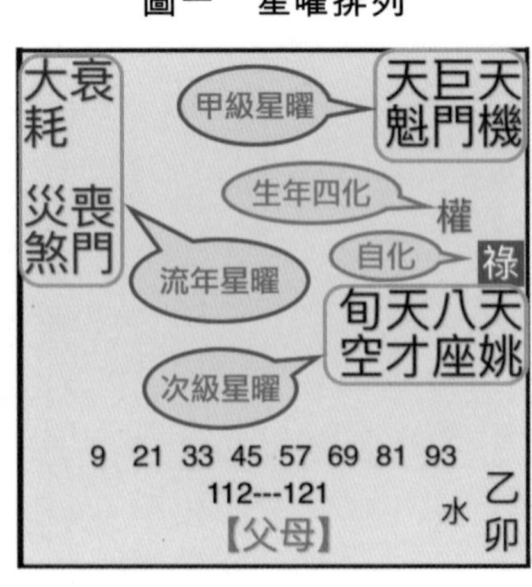

二、常用快速鍵功能說明：

干找星功能

一般看到命盤時，基本上要熟記十天干四化星祿權科忌，再找出命盤之四化星位置，熟悉四化者也要找到命盤的四化星位置，本功能是以天干找四化星位置（簡稱為「干找星」），操作方法是到各宮天干位置，點擊會找出命盤之四化位置。

四化星所在宮位是主體，飛出之四化星是與該宮位的關係，以本圖二干找星為例，以壬戌宮之財帛宮，點擊「壬」會顯示四化星所在的位置，分別以四種顏色標記，壬干天梁星化祿到田宅宮、紫微化權福德宮，左輔化科到朋友宮、武曲化忌到夫妻宮，快速標示出來。

星找干功能

本功能是以四化星之星曜找出天干在那些宮位有關，四化找天干位置（簡稱為「星找干」），其功用是幫助看盤時可以快速了解到四化星曜與那些宮位之天干產生作用，例如命宮星曜化祿是來自官祿宮之天干，工作會帶來成就感或是樂在工作。

以本圖三星找干為例，巨門星在父母宮，點擊「巨門」星，會顯示天干所在的位置，分別以四種顏色標記，丁干化忌在田宅宮、天干化權在子女宮，天干化祿在疾厄宮，快速標示出來，可以找出之間的關連。

個人事件資料記錄功能

每一張命盤都有「事件記錄」功能，圖四事件資料記錄為例，操作方法，在附加資訊區上方「客」文字，點選「客」，就會顯示該命盤的記錄功能，本命盤建立時間等，不用另外準備寫資料。當你的客戶資料累積多時，可以利用搜尋找出相關事件，進行研究分析，找出論斷法則。

圖二　干找星

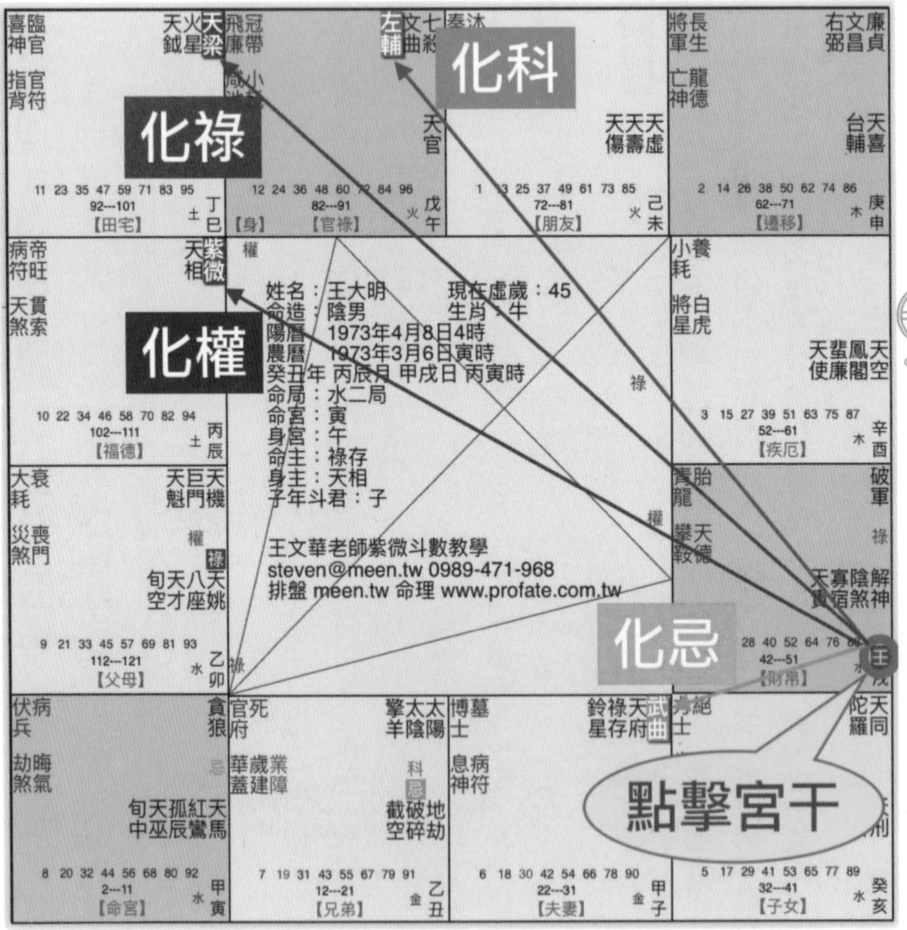
化祿
化科
化權
化忌
點擊宮干
姓名：王大明　現在虛歲：45
命造：陰男　生肖：牛
陽曆　1973年4月8日4時
農曆　1973年3月6日寅時
癸丑年 丙辰月 甲戌日 丙寅時
命局：水二局
命宮：寅
身宮：午
命主：祿存
身主：天相
子年斗君：子
王文華老師紫微斗數教學
steven@meen.tw 0989-471-968
排盤 meen.tw 命理 www.profate.com.tw
【田宅】
【身】
【官祿】
【朋友】
【遷移】
【福德】
【疾厄】
【父母】
【財帛】
【命宮】
【兄弟】
【夫妻】
【子女】

圖三　星找干

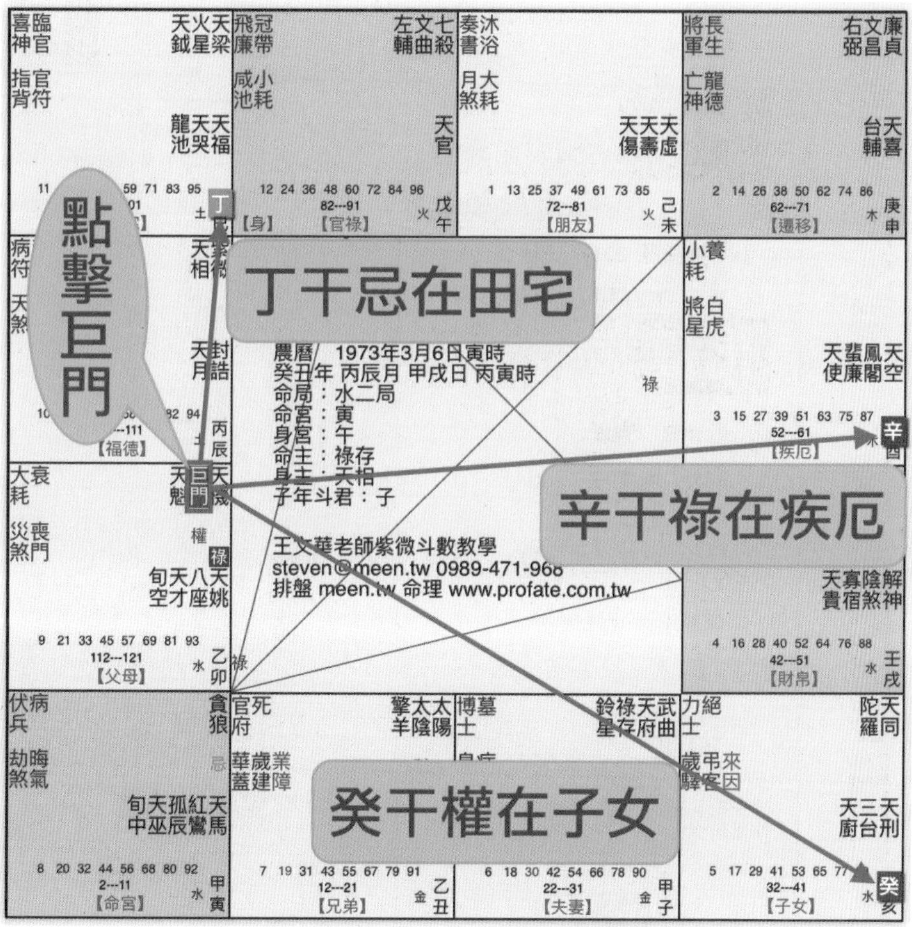

<table>
<tr>
<td>喜臨
神官
指官
背符
天火天
鉞星梁
龍天天
池哭福
11 … 59 71 83 95
…01
土 丁</td>
<td>飛冠
廉帶
咸小
池耗
左文七
輔曲殺
天
官
12 24 36 48 60 72 84 96
82---91
【身】【官祿】 火 戊午</td>
<td>奏沐
書浴
月大
煞耗
天天天
傷壽虛
1 13 25 37 49 61 73 85
72---81
【朋友】 火 己未</td>
<td>將長
軍生
亡龍
神德
右文廉
弼昌貞
台天
輔喜
2 14 26 38 50 62 74 86
62---71
【遷移】 木 庚申</td>
</tr>
<tr>
<td>病
符
天
煞
天紫
相微
天封
月誥
10 … 82 94
---111
【福德】 土 丙辰</td>
<td colspan="2" rowspan="2">農曆　1973年3月6日寅時
癸丑年 丙辰月 甲戌日 丙寅時
命局：水二局
命宮：寅
身宮：午
命主：祿存
身主：天相
子年斗君：子
王文華老師紫微斗數教學
steven@meen.tw 0989-471-968
排盤 meen.tw 命理 www.profate.com.tw
祿
祿</td>
<td>小養
耗
將白
星虎
天蜚鳳天
使廉閣空
3 15 27 39 51 63 75 87
52---61
【疾厄】 木 辛酉</td>
</tr>
<tr>
<td>大衰
耗
災喪
煞門
天巨天
魁門鉞
權
祿
旬天八天
空才座姚
9 21 33 45 57 69 81 93
112---121
【父母】 水 乙卯</td>
<td>天寡陰解
貴宿煞神
4 16 28 40 52 64 76 88
42---51
【財帛】 水 壬戌</td>
</tr>
<tr>
<td>伏病
兵
劫晦
煞氣
貪
狼
忌
旬天孤紅天
中巫辰鸞馬
8 20 32 44 56 68 80 92
2---11
【命宮】 水 甲寅</td>
<td>官死
府
華歲業
蓋建障
擎太太
羊陰陽
7 19 31 43 55 67 79 91
12---21
【兄弟】 金 乙丑</td>
<td>博墓
士
鈴祿天武
星存府曲
6 18 30 42 54 66 78 90
22---31
【夫妻】 金 甲子</td>
<td>力絕
士
歲弔來
驛客因
陀天
羅同
天三天
廚台刑
5 17 29 41 53 65 77
32---41
【子女】 水 癸亥</td>
</tr>
</table>

客戶查詢及分析功能

本功能主要是協助使用者對於自己客戶資料做更一步分析了解，或是研究：

客戶查詢：客戶多時要查看，變得很麻煩一件事情，只要在「搜尋」欄內（圖五所示），輸入姓、名、出生年月日、時間、時辰（例子、丑……等）會表列出來。

客戶分析：會在客戶管理，客戶名稱第一行會顯示客戶人數及比例，詳細點擊進入，會有更多的分析資料。

進階查詢：可以指定查詢符合某星曜在命盤在何宮位，符合條件顯示出來，或在客戶事件記錄裡符合某些條件件查詢出來。

剖腹擇日功能

剖腹擇日挑時間是

圖四　事件資料記錄

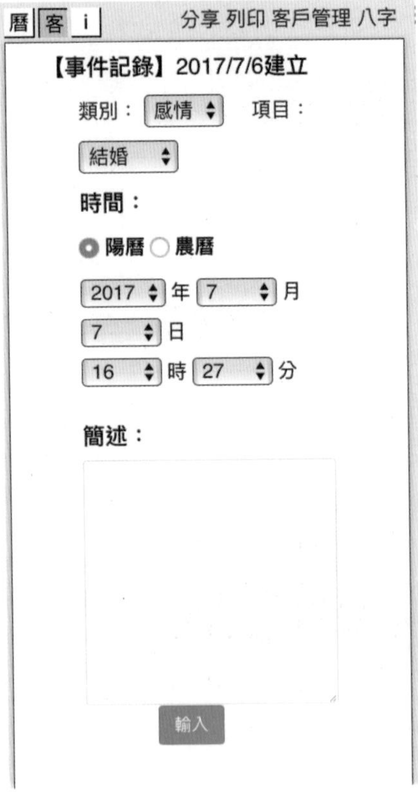

曆 客 i　分享 列印 客戶管理 八字

【事件記錄】2017/7/6建立

類別：感情　項目：

結婚

時間：

陽曆 農曆

2017 年 7 月

7 日

16 時 27 分

簡述：

輸入

一件很辛苦的事情，輸入一個個時間來看，要花很長的時間來看，這裡提供了二個方式查詢，可以節省大量時間。第一種方式是指定日期，就會排出十二個時辰的命盤。第二種方式是指定星曜組合、四化星規則要點選七日，範圍會比較大，條件愈多愈不容易找到。以圖六剖腹擇日功能為例選項功能說明：

日期：選擇預產期時間，若點選七日會計算出往後七日時間符合條件，若沒有點選，只有所選擇之日期。

命宮：位置「無」，不指定命宮位置。宮位是指定在那個宮位，可以選擇五個宮位，預設為命宮的三方四正，以下各項之設定會符合上述之設定搜尋。

星曜設定一：有三個選項(1)分散所選各宮、

圖五　客戶查詢及分析功能

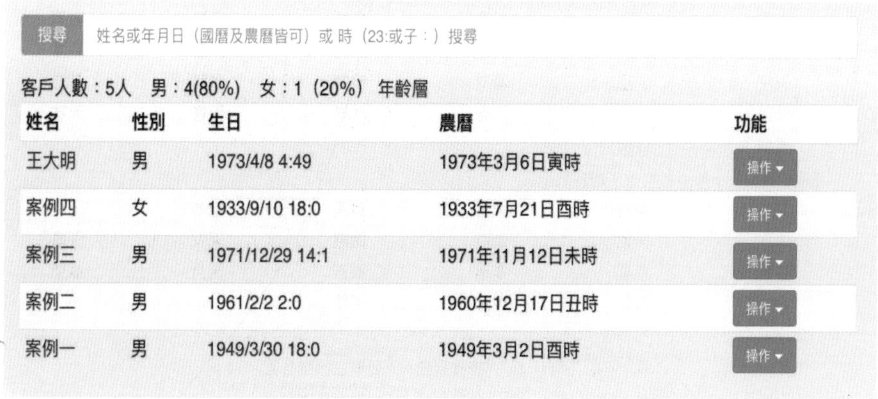

搜尋　姓名或年月日（國曆及農曆皆可）或 時（23:或子：）搜尋

客戶人數：5人　男：4(80%)　女：1（20%）年齡層

姓名	性別	生日	農曆	功能
王大明	男	1973/4/8 4:49	1973年3月6日寅時	操作▾
案例四	女	1933/9/10 18:0	1933年7月21日酉時	操作▾
案例三	男	1971/12/29 14:1	1971年11月12日未時	操作▾
案例二	男	1961/2/2 2:0	1960年12月17日丑時	操作▾
案例一	男	1949/3/30 18:0	1949年3月2日酉時	操作▾

(2)全部在所選在任一宮、(3)所選各宮都不能有。本例是集中在同一宮位第(2)，點選武曲星、貪狼星同宮。

星曜設定二：選項與上相同，若不要有擎羊星、陀羅星等在所選宮位內，就點選。

四化選擇：是否要有四化星在所選擇宮位。設定好，可以按「參數儲存」功能，以後可以直接使用，不用再設定。按「查詢」系統會逐一找出來。

三、動盤功能

紫微斗數動盤是非常重要

圖六　剖腹擇日功能

性別 ◉ 男 ○ 女

◉ 陽曆 ○ 農曆

2017 年 7 月 6 日 ☑ 七天

命宮位置：無

宮位 命宮 或 財帛 或 官祿 或 遷移 或 無

星曜設定一：全部在所選任一宮

☐ 紫微	☐ 天機	☐ 太陽	☑ 武曲	☐ 天同	☐ 廉貞
☐ 天府	☐ 太陰	☑ 貪狼	☐ 巨門	☐ 天相	☐ 天梁
☐ 七殺	☐ 破軍	☐ 文昌	☐ 文曲	☐ 左輔	☐ 右弼
☐ 祿存	☐ 天魁	☐ 天鉞	☐ 天馬	☐ 天喜	☐ 紅鸞
☐ 天官	☐ 天福	☐ 龍池	☐ 鳳閣	☐ 台輔	☐ 封誥
☐ 天巫	☐ 三台	☐ 八座	☐ 恩光	☐ 天貴	☐ 天才
☐ 天壽	☐ 天廚				

星曜設定二：所選各宮都不能有

☐ 擎羊	☐ 陀羅	☐ 火星	☐ 鈴星	☐ 地劫	☐ 天空
☐ 天刑	☐ 天姚	☐ 解神	☐ 陰煞	☐ 天哭	☐ 天虛
☐ 孤辰	☐ 寡宿	☐ 蜚廉	☐ 破碎	☐ 天月	☐ 截空
☐ 旬中	☐ 旬空	☐ 天傷	☐ 天使		

四化選擇：

生年四化 ☐ 祿 ☐ 權 ☐ 科 ☐ 忌 ☐ 祿權科任一 分散在所選各宮

宮干自化 ☐ 祿 ☐ 權 ☐ 科 ☐ 忌 ☐ 祿權科任一 分散在所選各宮

查詢　　參數儲存

的，是論命判斷關鍵，流運盤星曜會重新排列星曜組合，快速不易錯，若不使用工具則要背的很熟才有辦法運用。

在命盤右側，提供幾個功能（如圖七），⑴萬年曆顯示區，⑵事件記錄，⑶訊息公告等。

⑴萬年曆顯示區：是依據動盤變化，右側萬年曆時間會與命盤時間互動，是何動盤萬年曆會顯對應的時間。實務上在計算時間或是日期時，都有一本萬年曆在旁邊，隨時查詢，若是精神狀況不好時，常會算錯時間，為了提供時間及年度的時間及曆法，在右側顯示萬年曆。

⑵事件記錄，本功能在個人事件資料記錄功能已經說明。

⑶訊息公告等，相關訊息公告。

本命盤樣式

右側是萬年曆是以出生時間開始以出生時間、干支年、歲數，若點選某個年，直接排出該年之流年命盤。

十年命盤樣式

右側是萬年曆會顯示該十年時間（如圖八），所對應的國曆年、干支年、生肖、歲數，若

圖七　本命盤

紫微斗數專家版 排盤服務　本命　十年　流年　流月　流日　流時　流分　曆　客　i　分享　列印　客戶管理　八字

<table>
<tr>
<td>天梁 火星 天鉞
喜神 臨官
指背 官符
天福 天哭 龍池
11 23 35 47 59 71 83 95
92--101
【田宅】 土 丁巳</td>
<td>七殺 文曲 左輔
飛廉 冠帶
咸池 小耗
天官
12 24 36 48 60 72 84 96
82--91
【身】 【官祿】 火 戊午</td>
<td>奏書 沐浴
月煞 大耗
天虛 天壽 天傷
1 13 25 37 49 61 73 85
72--81
【朋友】 火 己未</td>
<td>廉貞 文昌 右弼
將軍 長生
亡神 龍德
天喜 台輔
2 14 26 38 50 62 74 86
62--71
【遷移】 木 庚申</td>
</tr>
<tr>
<td>紫微 天相
病符 帝旺
天煞 貫索
封誥 天月
10 22 34 46 58 70 82 94
102--111
【福德】 土 丙辰</td>
<td colspan="2" rowspan="2">權
姓名：王大明　現在虛歲：45
命造：陰男　生肖：牛
陽曆　1973年4月8日4時
農曆　1973年3月6日寅時
癸丑年 丙辰月 甲戌日 丙寅時
命局：水二局
命宮：寅
身宮：午
命主：祿存
身主：天相
子年斗君：子
現在《陽曆》：2017年7月7日
現在《陰曆》：2017年6月14日
今日：陽曆：2017/7/7 農曆：2017/6/14
王文華老師紫微斗數教學
steven@meen.tw 0989-471-968
排盤meen.tw 命理www.profate.com.tw
祿　權　祿</td>
<td>小耗 養
將星 白虎
天空 鳳閣 蜚廉 天使
3 15 27 39 51 63 75 87
52--61
【疾厄】 木 辛酉</td>
</tr>
<tr>
<td>天機 巨門 天魁
大耗 衰
災煞 喪門
權 祿
天姚 八座 天才 旬空
9 21 33 45 57 69 81 93
112--121
【父母】 水 乙卯</td>
<td>破軍
青龍 胎
攀鞍 天德
祿
解神 陰煞 寡宿 天貴
4 16 28 40 52 64 76 88
42--51
【財帛】 水 壬戌</td>
</tr>
<tr>
<td>貪狼
伏兵 病
劫煞 晦氣
忌
天馬 紅鸞 孤辰 天巫 旬中
8 20 32 44 56 68 80 92
2--11
【命宮】 水 甲寅</td>
<td>太陽 太陰 羊刃
官府 死
華蓋 歲建 業障
科 忌
地劫 破碎 截空
7 19 31 43 55 67 79 91
12--21
【兄弟】 金 乙丑</td>
<td>武曲 天府 祿存 鈴星
博士 墓
息神 病符
科
恩光
6 18 30 42 54 66 78 90
22--31
【夫妻】 金 甲子</td>
<td>天同 陀羅
力士 絕
歲驛 弔客 來因
天刑 三台 天廚
5 17 29 41 53 65 77 89
32--41
【子女】 水 癸亥</td>
</tr>
</table>

1973 癸丑 1	1974 甲寅 2	1975 乙卯 3	1976 丙辰 4	1977 丁巳 5	1978 戊午 6	1979 己未 7	1980 庚申 8
1981 辛酉 9	1982 壬戌 10	1983 癸亥 11	1984 甲子 12	1985 乙丑 13	1986 丙寅 14	1987 丁卯 15	1988 戊辰 16
1989 己巳 17	1990 庚午 18	1991 辛未 19	1992 壬申 20	1993 癸酉 21	1994 甲戌 22	1995 乙亥 23	1996 丙子 24
1997 丁丑 25	1998 戊寅 26	1999 己卯 27	2000 庚辰 28	2001 辛巳 29	2002 壬午 30	2003 癸未 31	2004 甲申 32
2005 乙酉 33	2006 丙戌 34	2007 丁亥 35	2008 戊子 36	2009 己丑 37	2010 庚寅 38	2011 辛卯 39	2012 壬辰 40
2013 癸巳 41	2014 甲午 42	2015 乙未 43	2016 丙申 44	2017 丁酉 45	2018 戊戌 46	2019 己亥 47	2020 庚子 48
2021 辛丑 49	2022 壬寅 50	2023 癸卯 51	2024 甲辰 52	2025 乙巳 53	2026 丙午 54	2027 丁未 55	2028 戊申 56
2029 己酉 57	2030 庚戌 58	2031 辛亥 59	2032 壬子 60	2033 癸丑 61	2034 甲寅 62	2035 乙卯 63	2036 丙辰 64
2037 丁巳 65	2038 戊午 66	2039 己未 67	2040 庚申 68	2041 辛酉 69	2042 壬戌 70	2043 癸亥 71	2044 甲子 72
2045 乙丑 73	2046 丙寅 74	2047 丁卯 75	2048 戊辰 76	2049 己巳 77	2050 庚午 78	2051 辛未 79	2052 壬申 80
2053 癸酉 81	2054 甲戌 82	2055 乙亥 83	2056 丙子 84	2057 丁丑 85	2058 戊寅 86	2059 己卯 87	2060 庚辰 88

本命

圖八　十年盤

ⓆⓆⓆ 紫微斗數專家版 排盤服務　　本命　十年　流年　流月　流日　流時　流分　曆　客　i　　分享 列印 客戶管理 八字 ☰

喜臨 天火天 神官 鉞星梁 指官 背符 天龍天天 使池哭福 11 23 35 47 59 71 83 95 92--101 【疾厄】【田宅】土 丁巳	飛冠 左文七 廉帶 輔曲殺 咸小 池耗 天 官 12 24 36 48 60 72 84 96 82--91 【財帛】【官祿】火 戊午	奏沐 書浴 月大 煞耗 天天 壽虛 1 13 25 37 49 61 73 85 72--81 【子女】【朋友】火 己未	將長 右文廉 軍生 弼昌貞 亡龍 神德 台天 輔喜 2 14 26 38 50 62 74 86 62--71 【夫妻】【遷移】木 庚申
病帝 天紫 符旺 相微 天貫 煞索 天封 月誥 10 22 34 46 58 70 82 94 102--111 【遷移】【福德】土 丙辰			小養 耗 將白 星虎 蜚鳳天 廉閣空 3 15 27 39 51 63 75 87 52--61 【兄弟】【疾厄】木 辛酉
大衰 天巨天 耗 魁門機 災喪 煞門 權 祿 天旬天八天 傷空才座姚 9 21 33 45 57 69 81 93 112--121 【朋友】【父母】水 乙卯			青胎 大破 龍 陀軍 攀天 鞍德 祿 天寡陰解 貴宿煞神 4 16 28 40 52 64 76 88 大運42--51 【命宮】【財帛】水 壬戌
伏病 貪 兵 狼 劫晦 煞氣 忌 旬天孤紅天 中巫辰鸞馬 8 20 32 44 56 68 80 92 2--11 【官祿】【命宮】水 甲寅	官死 羊太太 府 刃陰陽 華歲業 蓋建障 科 忌 截破地 空碎劫 7 19 31 43 55 67 79 91 12--21 【田宅】【兄弟】金 乙丑	博墓 祿鈴大天武 士 存星羊府曲 息病 神符 科 恩 光 6 18 30 42 54 66 78 90 22--31 【福德】【夫妻】金 甲子	力絕 陀大天 士 羅祿同 歲弔來 驛客因 天三天 廚台刑 5 17 29 41 53 65 77 89 32--41 【父母】【子女】水 癸亥

權　祿　權　祿

姓名：王大明　　現在虛歲：45
命造：陰男　　生肖：牛
陽曆　1973年4月8日4時
農曆　1973年3月6日寅時
癸丑年 丙辰月 甲戌日 丙寅時
命局：水二局
命宮：寅
身宮：午
命主：祿存
身主：天相
子年斗君：子
十年盤：42 -- 51歲
農曆：2014 -- 2023年
今日：陽曆：2017/7/7 農曆：2017/6/14
王文華老師紫微斗數教學
steven@meen.tw 0989-471-968
排盤meen.tw 命理www.profate.com.tw

2004	民國93年	甲申 猴	32歲
2005	民國94年	乙酉 雞	33歲
2006	民國95年	丙戌 狗	34歲
2007	民國96年	丁亥 豬	35歲
2008	民國97年	戊子 鼠	36歲
2009	民國98年	己丑 牛	37歲
2010	民國99年	庚寅 虎	38歲
2011	民國100年	辛卯 兔	39歲
2012	民國101年	壬辰 龍	40歲
2013	民國102年	癸巳 蛇	41歲
2014	民國103年	甲午 馬	42歲
2015	民國104年	乙未 羊	43歲
2016	民國105年	丙申 猴	44歲
2017	民國106年	丁酉 雞	45歲
2018	民國107年	戊戌 狗	46歲
2019	民國108年	己亥 豬	47歲
2020	民國109年	庚子 鼠	48歲
2021	民國110年	辛丑 牛	49歲
2022	民國111年	壬寅 虎	50歲
2023	民國112年	癸卯 兔	51歲
2024	民國113年	甲辰 龍	52歲
2025	民國114年	乙巳 蛇	53歲
2026	民國115年	丙午 馬	54歲
2027	民國116年	丁未 羊	55歲
2028	民國117年	戊申 猴	56歲
2029	民國118年	己酉 雞	57歲
2030	民國119年	庚戌 狗	58歲
2031	民國120年	辛亥 豬	59歲
2032	民國121年	壬子 鼠	60歲
2033	民國122年	癸丑 牛	61歲

本命　十年

點選十年，直接排出該十年之十年流運命盤。

要看其他大運時，直接點擊大運（大限）時間，直接會重新排盤，該大運時間，萬年曆會跟著變化。

流年命盤樣式

右側是萬年曆會顯示該流年之月份時間（如圖九），通常以今年與明年同時顯示，流年盤所對應的時間是農曆月、國曆起始日、星期、干支月、農曆的大小月，若點選月，直接排出該月之命盤。

要看其他年，直接點命盤中之歲數，就會直接排出該年之命盤。

流月命盤樣式

右側是萬年曆會顯示該農曆月的時間（如圖十），以日來顯示，時間所對應的農曆日、干支日、國曆日期、節氣、星期，若點某日，直接排出該日之命盤。

流月操作直接在命盤點擊月份，重新排盤，萬年曆也會跟著改變。

圖九 流年盤

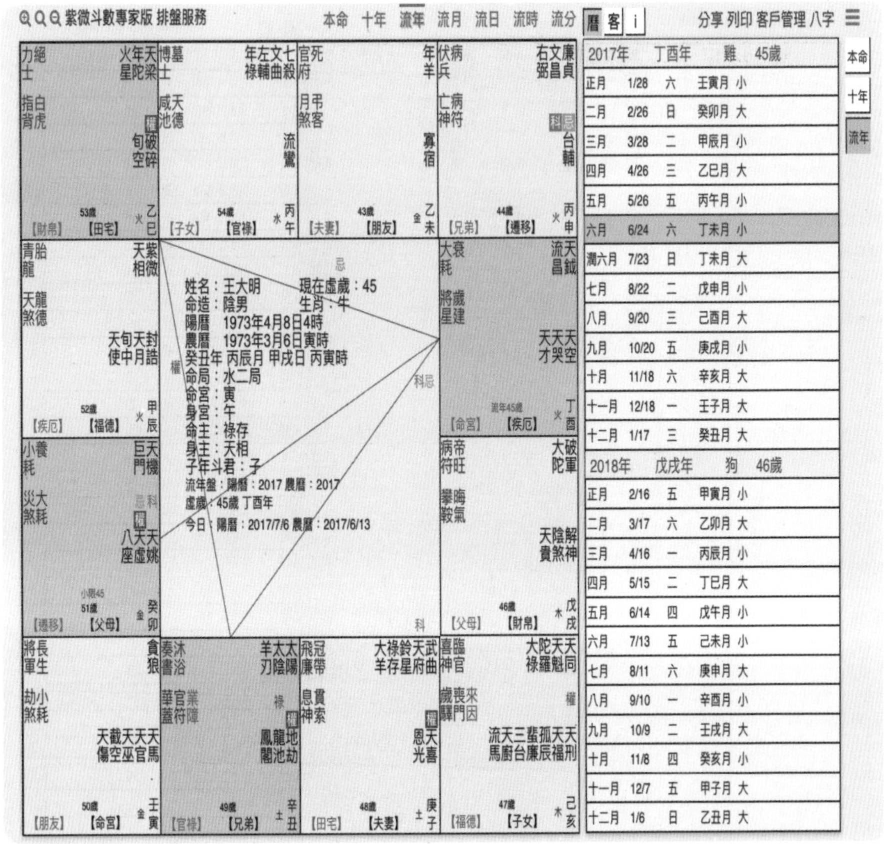

紫微斗數專家版 排盤服務　本命　十年　流年　流月　流日　流時　流分　曆　客　i　分享　列印　客戶管理　八字

力絕 火年天 士 星陀梁 指白 背虎 權 旬破 空碎 53歲 乙 【財帛】【田宅】火 巳	博墓 年左文七 士 祿輔曲殺 咸天 池德 流 鸞 54歲 丙 【子女】【官祿】水 午	官死 年 府 羊 月弔 煞客 寡 宿 43歲 乙 【夫妻】【朋友】金 未	伏病 右文廉 兵 弼昌貞 亡病 神符 科忌 台 輔 44歲 丙 【兄弟】【遷移】火 申
青胎 天紫 龍 相微 天龍 煞德 天旬天封 使中月誥 52歲 甲 【疾厄】【福德】火 辰	忌 姓名：王大明　現在虛歲：45 命造：陰男　生肖：牛 陽曆　1973年4月8日4時 農曆　1973年3月6日寅時 癸丑年 丙辰月 甲戌日 丙寅時 命局：水二局 命宮：寅 身宮：午 命主：祿存 身主：天相 子年斗君：子 流年盤：陽曆：2017 農曆：2017 虛歲：45歲 丁酉年 今日：陽曆：2017/7/6 農曆：2017/6/13 權　科忌　科		大衰 流天 耗 昌鉞 將歲 星建 天天天 才哭空 流年45歲 丁 【命宮】【疾厄】火 酉
小養 巨天 耗 門機 災大 煞耗 忌科 權 八天天 座虛姚 小限45 51歲 癸 【遷移】【父母】金 卯			病帝 大破 符旺 陀軍 攀晦 鞍氣 天陰解 貴煞神 46歲 戊 【父母】【財帛】木 戌
將長 貪 軍生 狼 劫小 煞耗 天截天天天 傷空巫官馬 50歲 壬 【朋友】【命宮】金 寅	奏沐 羊太太 書浴 刃陰陽 華官業 蓋符障 祿 權 鳳龍地 閣池劫 49歲 辛 【官祿】【兄弟】土 丑	飛冠 大祿鈴天武 廉帶 羊存星府曲 息貫 神索 權 恩天 光喜 48歲 庚 【田宅】【夫妻】土 子	喜臨 大陀天天 神官 祿羅魁同 歲喪來 驛門因 權 流天三蜚孤天天 馬廚台廉辰福刑 47歲 己 【福德】【子女】木 亥

2017年	丁酉年	雞	45歲
正月	1/28	六	壬寅月 小
二月	2/26	日	癸卯月 大
三月	3/28	二	甲辰月 小
四月	4/26	三	乙巳月 大
五月	5/26	五	丙午月 小
六月	6/24	六	丁未月 小
潤六月	7/23	日	丁未月 大
七月	8/22	二	戊申月 小
八月	9/20	三	己酉月 大
九月	10/20	五	庚戌月 小
十月	11/18	六	辛亥月 大
十一月	12/18	一	壬子月 大
十二月	1/17	三	癸丑月 大
2018年	戊戌年	狗	46歲
正月	2/16	五	甲寅月 小
二月	3/17	六	乙卯月 大
三月	4/16	一	丙辰月 小
四月	5/15	二	丁巳月 大
五月	6/14	四	戊午月 小
六月	7/13	五	己未月 小
七月	8/11	六	庚申月 大
八月	9/10	一	辛酉月 小
九月	10/9	二	壬戌月 大
十月	11/8	四	癸亥月 小
十一月	12/7	五	甲子月 大
十二月	1/6	日	乙丑月 大

本命　十年　流年

圖十　流月盤

紫微斗數專家版 排盤服務　　本命　十年　流年　流月　流日　流時　流分　曆　客　i　　分享 列印 客戶管理 八字

<table>
<tr>
<td>力絕　年火月右天
士　　陀星陀弼梁
指白
背虎
權
旬破
空碎
流月6月　乙
【命宮】【田宅】火 巳</td>
<td>博墓　年月文七
士　　祿祿曲殺
咸天
池德
流天
鸞姚
7月　丙
【父母】【官祿】水 午</td>
<td>官死　年月
府　　羊羊
月弔
煞客
寡
宿
8月　丁
【福德】【朋友】水 未</td>
<td>伏病　文廉
兵　　昌貞
亡病
神符
天台
巫輔
9月　戊
【田宅】【遷移】土 申</td>
</tr>
<tr>
<td>青胎　天紫
龍　　相微
天龍
煞德
旬封陰
中誥煞
5月　甲
【兄弟】【福德】火 辰</td>
<td colspan="2" rowspan="2">祿　祿
權
姓名：王大明　現在虛歲：45
命造：陰男　生肖：牛
陽曆　1973年4月8日4時
農曆　1973年3月6日寅時
癸丑年 丙辰月 甲戌日 丙寅時
命局：水二局
命宮：寅
身宮：午
命主：祿存
身主：天相
子年斗君：子
流月盤：陽曆：2017/6 農曆：2017/6
虛歲：45歲 丁酉年丁未月
今日：陽曆：2017/7/7 農曆：2017/6/14
王文華老師紫微斗數教學
steven@meen.tw 0989-471-968
排盤meen.tw 命理www.profate.com.tw</td>
<td>大衰　流天左
耗　　昌鉞輔
將歲
星建
天天
哭空
10月　己
【官祿】【疾厄】土 酉</td>
</tr>
<tr>
<td>小養　巨天
耗　　門機
災大
煞耗
忌 科
權
天天
月虛
4月　癸
【夫妻】【父母】金 卯</td>
<td>病帝　大破
符旺　陀軍
攀晦
鞍氣
天天
傷貴
11月　庚
【朋友】【財帛】金 戌</td>
</tr>
<tr>
<td>將長　貪
軍生　狼
劫小
煞耗
截天三天天天
空才台官馬刑
3月　壬
【子女】【命宮】金 寅</td>
<td>奏沐　羊太太
書浴　刃陰陽
華官業
蓋符障
祿
科
鳳龍地
閣池劫
2月　癸
【財帛】【兄弟】木 丑</td>
<td>飛冠　大祿鈴天武
廉帶　羊存星府曲
息貫
神索
忌
天恩八天解
使光座喜神
1月　壬
【疾厄】【夫妻】木 子</td>
<td>喜臨　大陀天天
神官　祿羅魁同
歲喪來
驛門因
權
流天蜚孤天
馬廚廉辰福
12月　辛
【遷移】【子女】金 亥</td>
</tr>
</table>

2017年6月	丁酉年丁未月	45歲		
6/1	壬午日	6/24	夏至	六
6/2	癸未日	6/25	夏至	日
6/3	甲申日	6/26	夏至	一
6/4	乙酉日	6/27	夏至	二
6/5	丙戌日	6/28	夏至	三
6/6	丁亥日	6/29	夏至	四
6/7	戊子日	6/30	夏至	五
6/8	己丑日	7/1	夏至	六
6/9	庚寅日	7/2	夏至	日
6/10	辛卯日	7/3	夏至	一
6/11	壬辰日	7/4	夏至	二
6/12	癸巳日	7/5	夏至	三
6/13	甲午日	7/6	夏至	四
6/14	乙未日	7/7	小暑	五
6/15	丙申日	7/8	小暑	六
6/16	丁酉日	7/9	小暑	日
6/17	戊戌日	7/10	小暑	一
6/18	己亥日	7/11	小暑	二
6/19	庚子日	7/12	小暑	三
6/20	辛丑日	7/13	小暑	四
6/21	壬寅日	7/14	小暑	五
6/22	癸卯日	7/15	小暑	六
6/23	甲辰日	7/16	小暑	日
6/24	乙巳日	7/17	小暑	一
6/25	丙午日	7/18	小暑	二
6/26	丁未日	7/19	小暑	三
6/27	戊申日	7/20	小暑	四
6/28	己酉日	7/21	小暑	五
6/29	庚戌日	7/22	大暑	六

本命　十年　流年　流月

圖十一　流日盤

紫微斗數專家版 排盤服務　本命　十年　流年　流月　流日　流時　流分　曆　客　i　分享　列印　客戶管理　八字

伏兵 臨官 月陀 年陀 火星 右弼 天梁 指背 白虎 權 旬空 破碎 1 13 25日 火 乙巳 【兄弟】【田宅】	大耗 冠帶 月祿 文曲 七殺 咸池 天德 流鸞 截空 天貴 天姚 流日 2 14 26日 水 丙午 【命宮】【官祿】	病符 沐浴 月羊 年羊 月煞 弔客 寡宿 3 15 27日 金 乙未 【父母】【朋友】	喜神 長生 文昌 廉貞 亡神 病符 科 忌 恩光 天巫 台輔 4 16 28日 火 丙申 【福德】【遷移】
官府 帝旺 日羊 天相 紫微 天煞 龍德 科 旬中 八座 封誥 陰煞 12 24日 火 甲辰 【夫妻】【福德】	姓名：王大明　現在虛歲：45 命造：陰男　生肖：牛 陽曆　1973年4月8日4時 農曆　1973年3月6日寅時 癸丑年 丙辰月 甲戌日 丙寅時 命局：水二局 命宮：寅 身宮：午 命主：祿存 身主：天相 子年斗君：子 流日盤：陽曆：2017/7/7 農曆：2017/6/14 虛歲：45歲 丁酉年丁未月乙未日 今日：陽曆：2017/7/7 農曆：2017/6/14 王文華老師紫微斗數教學 steven@meen.tw 0989-471-968 排盤meen.tw 命理www.profate.com.tw		飛廉 養 流昌 天鉞 左輔 將星 歲建 天哭 天空 5 17 29日 火 丁酉 【田宅】【疾厄】
博士 衰 日祿 巨門 天機 災煞 大耗 祿 權 天才 天月 天虛 11 23日 金 癸卯 【子女】【父母】			奏書 胎 大陀 破軍 攀鞍 晦氣 三台 6 18日 木 戊戌 【官祿】【財帛】
力士 病 日陀 貪狼 劫煞 小耗 天官 天馬 天刑 10 22日 金 壬寅 【財帛】【命宮】	青龍 死 羊刃 太陰 太陽 華蓋 官符 業障 忌 權 天使 鳳閣 龍池 地劫 9 21日 土 辛丑 【疾厄】【兄弟】	小耗 墓 大羊 祿存 鈴星 天府 武曲 息神 貫索 權 天喜 解神 8 20日 土 庚子 【遷移】【夫妻】	將軍 絕 大祿 陀羅 天魁 天同 歲驛 喪門 來因 流馬 天廚 天傷 蜚廉 孤辰 天福 7 19日 木 己亥 【朋友】【子女】

2017年6月	丁酉年丁未月 45歲	
6/14 乙未日	7/7	小暑 五
丙子時	23:00～01:00	夏至
丁丑時	01:00～03:00	夏至
戊寅時	03:00～05:00	夏至
己卯時	05:00～07:00	小暑
庚辰時	07:00～09:00	小暑
辛巳時	09:00～11:00	小暑
壬午時	11:00～13:00	小暑
癸未時	13:00～15:00	小暑
甲申時	15:00～17:00	小暑
乙酉時	17:00～19:00	小暑
丙戌時	19:00～21:00	小暑
丁亥時	21:00～23:00	小暑
6/15 丙申日	7/8	小暑 六
戊子時	23:00～01:00	小暑
己丑時	01:00～03:00	小暑
庚寅時	03:00～05:00	小暑
辛卯時	05:00～07:00	小暑
壬辰時	07:00～09:00	小暑
癸巳時	09:00～11:00	小暑
甲午時	11:00～13:00	小暑
乙未時	13:00～15:00	小暑
丙申時	15:00～17:00	小暑
丁酉時	17:00～19:00	小暑
戊戌時	19:00～21:00	小暑
己亥時	21:00～23:00	小暑

本命　十年　流年　流月　流日

流日命盤樣式

流日動盤會顯示日的命盤（如圖十一），同一宮位有不同日期，星曜及四化變都會改變，右側是萬年曆會顯示該流日之十二時辰，日所對應的干支時、時間、節氣，若點選時辰，直接排出該時間辰之命盤。

要看某日命盤，直接點擊流日數字，即重新排該時間命盤。

四、附加功能

附加功能是建構在紫微斗數命盤上的分析功能為主，開發出來的應用工具，這裡介紹二個很實用功能，吉凶分析及論斷分析，由筆者開發出來，兼具二種功能，第一是論斷上快速分析，可以節省大量時間，第二可以幫助學習，運用不同命盤快速上手。

附加功能是要租用，詳細資訊請看https://meen.tw/的網站說明。

吉凶分析功能

吉凶分析主要是分析應期時間點的功能，在那一個時間點會發生，例如以財帛宮十年為例，那一年的錢財會進來，詳細定義，請到官網查詢說明。

操作方法：必須使用動盤，以選擇動盤十年盤為例，圖十二財帛十年吉凶分析所示，十年財帛宮在午宮（本命官祿宮黑色文字），點擊宮地支「午」，則「財帛宮」會紅底白字，表示進入分析，右側萬年曆會顯示吉凶。

「吉」：表示在年度時間會有大的現金進來，包含了賺錢、借貸、其他方式進來；「凶」：表示該年花錢年，會超出預算，花出的金錢很多；「吉凶」：在一起，表示那一年的錢財進出很大。這裡分析出時間點，是提醒你有好的機會點，需要努力去爭取才有，不會天上掉下來，不爭取視同放棄。

吉凶分析是以四化垂象法則做為分析，讀者可以上網查詢筆者垂象法則說明。

吉凶分析可以分析到那裡？如何應用呢？基本四化垂象法則是可以分析到十分鐘一刻度，可以提供投資時間點，有些朋友拿來做投票應用等。

從大方向來看，主要是自己的提升工作效益，例如要與客戶約時間見面，就可以利用吉凶分析分析自己在某個時段對自己最好，再與客戶約時間討論，提高成功率，詳細操作請參考官網說明。

以「官祿宮」為例，點擊到流日，分析該日十二時辰吉凶，右側萬年曆會顯示吉凶，如圖十三官祿流日吉凶分析。以本例而言，「吉」時是在下午一點至三點對自己最好，主動掌握時間。

圖十二　財帛十年吉凶分析

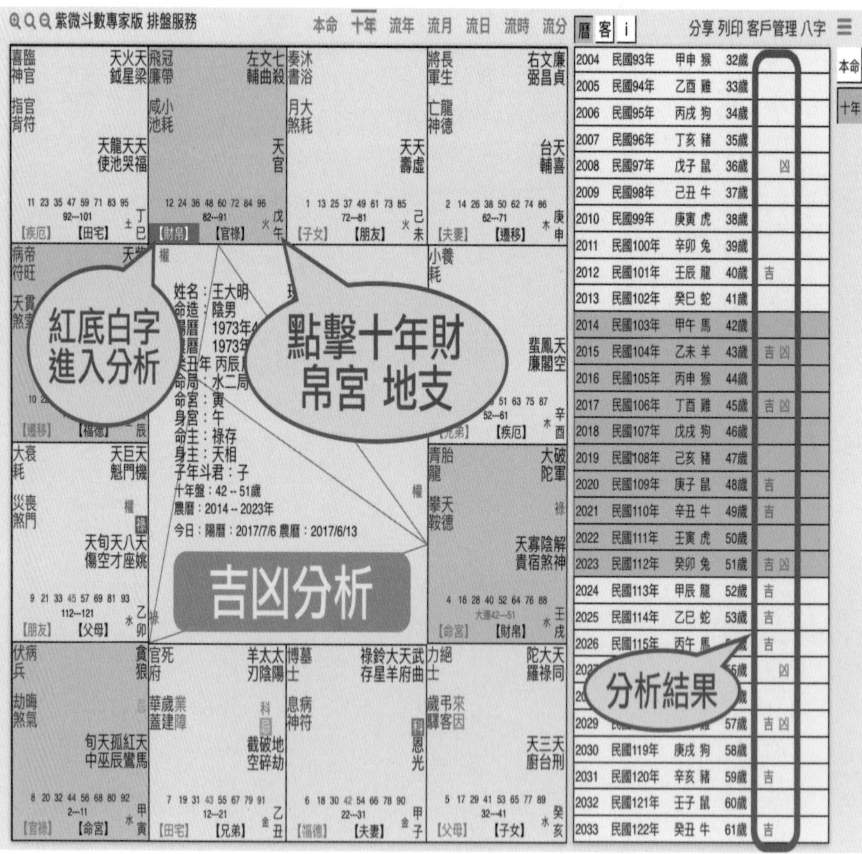

圖十三　官祿流日吉凶分析

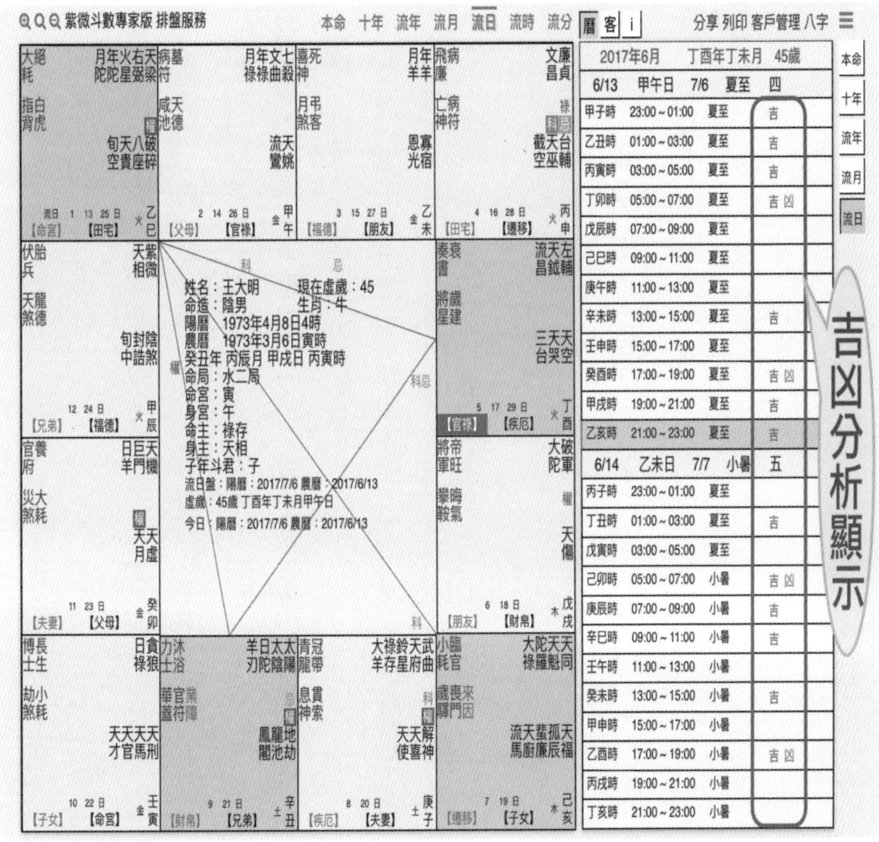

紫微斗數專家版 排盤服務　本命 十年 流年 流月 流日 流時 流分　曆 客 i　分享 列印 客戶管理 八字

巳	午	未	申
大絕 月年火右天 耗 陀陀星弼梁 指白 背虎 權 旬天八破 空貴座碎 流日 1 13 25 日 火 乙巳 【命宮】【田宅】	病墓 月年文七 符 祿祿曲殺 咸天 池德 流天 鸞姚 2 14 26 日 金 甲午 【父母】【官祿】	喜死 月年 神 羊羊 月弔 煞客 恩寡 光宿 3 15 27 日 金 乙未 【福德】【朋友】	飛病 文廉 廉 昌貞 亡病 祿 神符 科忌 截天台 空巫輔 4 16 28 日 火 丙申 【田宅】【遷移】

辰	命盤中宮	酉
伏胎 天紫 兵 相微 天龍 煞德 旬封陰 中誥煞 12 24 日 火 甲辰 【兄弟】【福德】	姓名：王大明　現在虛歲：45 命造：陰男　生肖：牛 陽曆　1973年4月8日4時 農曆　1973年3月6日寅時 癸丑年 丙辰月 甲戌日 丙寅時 命局：水二局 命宮：寅 身宮：午 命主：祿存 身主：天相 子年斗君：子 流日盤：陽曆：2017/7/6 農曆：2017/6/13 虛歲：45歲 丁酉年丁未月甲午日 今日：陽曆：2017/7/6 農曆：2017/6/13	奏衰 流天左 書 昌鉞輔 將歲 星建 三天天 台哭空 5 17 29 日 火 丁酉 【官祿】【疾厄】

卯		戌
官養 日巨天 府 羊門機 災大 煞耗 權 天天 月虛 11 23 日 金 癸卯 【夫妻】【父母】		將帝 大破 軍旺 陀軍 攀晦 權 鞍氣 天 傷 6 18 日 木 戊戌 【朋友】【財帛】

寅	丑	子	亥
博長 日貪 士生 祿狼 劫小 煞耗 天天天天 才官馬刑 10 22 日 金 壬寅 【子女】【命宮】	力沐 羊日太太 士浴 刃陀陰陽 華官業 忌 蓋符障 權 鳳龍地 閣池劫 9 21 日 土 辛丑 【財帛】【兄弟】	青冠 大祿鈴天武 龍帶 羊存星府曲 息貫 科 神索 權 天天解 使喜神 8 20 日 土 庚子 【疾厄】【夫妻】	小臨 大陀天天 耗官 祿羅魁同 歲喪來 驛門因 流天蜚孤天 馬廚廉辰福 7 19 日 木 己亥 【遷移】【子女】

2017年6月　丁酉年丁未月　45歲

時辰	時間	節氣	吉凶
6/13　甲午日　7/6　夏至　四			
甲子時	23:00～01:00	夏至	吉
乙丑時	01:00～03:00	夏至	吉
丙寅時	03:00～05:00	夏至	吉
丁卯時	05:00～07:00	夏至	吉 凶
戊辰時	07:00～09:00	夏至	
己巳時	09:00～11:00	夏至	
庚午時	11:00～13:00	夏至	
辛未時	13:00～15:00	夏至	吉
壬申時	15:00～17:00	夏至	
癸酉時	17:00～19:00	夏至	吉 凶
甲戌時	19:00～21:00	夏至	吉
乙亥時	21:00～23:00	夏至	吉
6/14　乙未日　7/7　小暑　五			
丙子時	23:00～01:00	夏至	
丁丑時	01:00～03:00	夏至	吉
戊寅時	03:00～05:00	夏至	
己卯時	05:00～07:00	小暑	吉 凶
庚辰時	07:00～09:00	小暑	吉
辛巳時	09:00～11:00	小暑	吉
壬午時	11:00～13:00	小暑	
癸未時	13:00～15:00	小暑	吉
甲申時	15:00～17:00	小暑	
乙酉時	17:00～19:00	小暑	吉 凶
丙戌時	19:00～21:00	小暑	
丁亥時	21:00～23:00	小暑	

本命　十年　流年　流月　流日

吉凶分析顯示

論斷分析功能

論斷分析是以各宮位解說，所有星性都有解說，本命、十年、流年、流月、流日十二宮都有分析，其中也包含了四化解說，最完整論斷分析，學習者對於論斷的方法不熟悉，或是四化解說不明白，可以利用論斷解說學習。

操作方法，要配合動盤，以流年命宮論斷分析，直接點擊流年命盤宮之文字（紅色部份），就會顯示出來，如圖十四流年命盤論斷分析所示。

星曜解說可以分成三部份，第一部份是主星解說，第二部份是次級星解說，第三部份是流年曜解說。四化解說，分成四段，由化祿、化權、化科、化忌來解說，可以幫助解盤或是學習上的輔助工具。

圖十四　流年命盤論斷分析

盤別： 流年盤 **宮位：** 【命宮】 **宮干：** 丁 酉 火

星曜解說：

今年對你來說是運用智慧的一年，凡事須經思考後才決定；腦筋靈活、思想敏銳，個性急但談吐斯文。精神壓力大，有時會想太多，而讓自己有一點神經過敏。今年適合多學習些新事物、自我進修，出國機會相當高，對宗教有虔誠的信仰或有緣份。

你今年的分析能力比以前強了許多，組織能力和策劃能力也相當的好，今年應該是成果豐碩的一年。但是要注意的就是要把自己的傲氣收斂起來，這樣才不會到處得罪人，而引來無端的是非。另一方面如果能夠在專業領域中徹底的鑽研，並且付諸實行，那麼你自己也會對自己的成果感到滿意的。

在今年流年變的比較容易自尋煩惱、鑽牛角尖，意志力薄弱，易有感情方面的困擾。

想法奇特與眾不同，有時想法會與現代的社會有差距，易與宗教結緣，若在網路或事業上有創新的想法。

給人感覺有煩惱，感傷或內心掙扎的事情比較多。

聰明有才藝，企劃能力強，有機謀，大多能夠學以致用。

動力不足，意興闌珊，沒有企圖心，有破財或物品遺失的現象。

執行力強，行事容易成功，精神愉快。

多注意意外狀況，小心為宜。

環境因素對你幫助不大，氣勢開始轉弱，行事大多會變慢的現象。

流年星曜解說

四化解說：

祿

今年在工作推動方面相當順利，工作上也比較輕鬆，有進財或加薪的現象。今年你在工作上相當的穩定，可以因工作上關係易有投資而獲利機會多，或是因工作關係會接觸投資理財，今年工作與化工業、清潔用品、化粧品類、女性用品、金融商品等之相關產業易獲利。

權

想法上比較霸道，[illegible]意識強烈，喜發好司令，大多能憑自己的堅強意志且有企圖心。今年運氣好，心想事成，在想法上比較單純，但是又不糊塗，很會用[illegible]周遭的狀態，自己樂於助人，也多有貴人相助，很有福氣，凡事都能夠逢凶化吉，內心輕鬆愉快。

科

在外地比較會有好名聲，且有貴人提攜，容易受到他人的賞識。今年外出運極強（出國運）外出大吉，出外多能得到幫助，越是奔波往返，越有名氣，你是適合遠行，在外易有創新的想法，計畫多會成功。

忌

今年在外地處理事務較為不順利，阻礙多，勞碌奔波，難有成就。今年外出口舌爭執在所難免，易遭受誹謗等或是事件溝通不良，對事情判斷錯誤多，出外易[illegible]遇到一些奇怪的事情。

本論斷僅供參考

紫微探源

—— 易經象數剖析紫微斗數原理！ ——

一次解讀易經象數邏輯，貫穿紫微斗數原理設計及架構！

你知道「甲子年、甲子月、甲子日、甲子時」的開始嗎？後天八卦如何推演而來？河圖、洛書要如何應用？
揭開易經乾坤二卦象數之應用，以河圖洛書剖析爻動之變化，本書附錄宋版六經圖之大易象數鈎深圖。
以易經象數邏輯貫穿紫微斗數原理設計及架構，帶你領略其堂奧，第一本以宇宙系統觀念探討，一步一步推導，說明整個體系運作概念。
王文華老師以二十多年的理論研究心得，公諸於世，以享讀者。以淺顯易懂文詞讓你了解易經嚴謹邏輯推論觀念，對於我們生活周遭所遇到的人際互動、事務的判斷方式，都可以運用其方法解決，一理通百理同，終身受用無窮。

2018年1月出版／作者 ◎ **王文華**

教學單元講義目錄

第01輯　紫微斗數觀念及基本術語
第02輯　排盤介紹(一)
第03輯　排盤介紹(二)
第04輯　十二宮職、紫微星、天機星、太陽星介紹
第05輯　武曲星、天同星、廉貞星、天府星介紹
第06輯　太陰星、貪狼星、巨門星、天相星介紹
第07輯　天梁星、七殺星、破軍星、祿存星介紹
第08輯　文昌星、文曲星、左輔星、右弼星、天魁星、天鉞星介紹
第09輯　擎羊星、陀羅星、火星、鈴星、天空星、地劫星介紹
第10輯　宮氣介紹及論盤
第11輯　雙星介紹
第12輯　丙級介紹
第13輯　博士、歲前、長生、將前諸星介紹
第14輯　四化星介紹
第15輯　四化星飛宮介紹
第16輯　四化疊宮---命宮介紹
第17輯　四化疊宮---財帛宮介紹
第18輯　四化疊宮---官祿宮介紹
第19輯　四化疊宮---夫妻宮介紹
第20輯　四化星組合及自化介紹
第21輯　十年流運論斷及論盤
第22輯　四化運用及預測方法
第23輯　面相對應十二宮(一)
第24輯　面相對應十二宮(二)
第25輯　疾厄宮介紹
第26輯　四化垂象法則介紹 官祿宮運用
第27輯　四化垂象法則介紹 財帛宮運用
第28輯　四化垂象法則介紹 夫妻宮運用
第29輯　陰煞星應用介紹
第30輯　意外論斷介紹
第31輯　流年論斷介紹
第32輯　紫微斗數觸機法則介紹
命盤範例集(20張盤)

講義一冊、光碟片32片，另外有四小時面授時間　。

紫微斗數 教學影片

打開學習盲點

1、『關係』指「星曜」、「四化」與「宮職」之相互關係。
2、『應期』區分天干、地支、小限年應期及垂象法則(四化疊宮應期)。
3、『同位』同位層階關係之觀念。
4、『繼承』上下關係之影響。
5、『觸機』更高一層次實用方法。

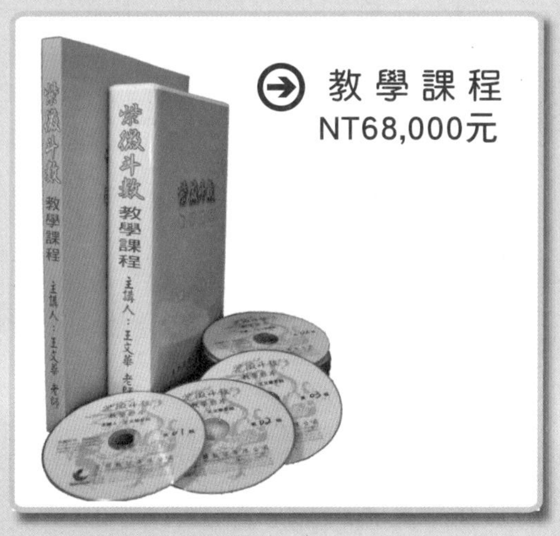

本涵授教材是累積十餘年之教學經驗而成，由入門基礎到高階運用都在本涵授教材內，課程內容精彩可期。過去所教授之學生中，已有數位學員，論斷及運用能力有獨到一面，所以沒有學不會的學生，只有懶惰加上不努力才學不會。

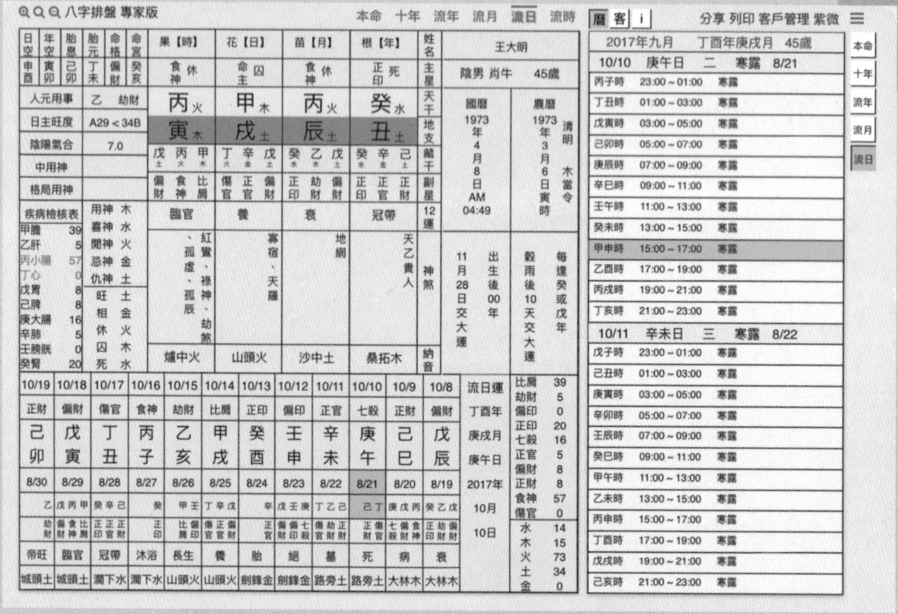

八字流日盤

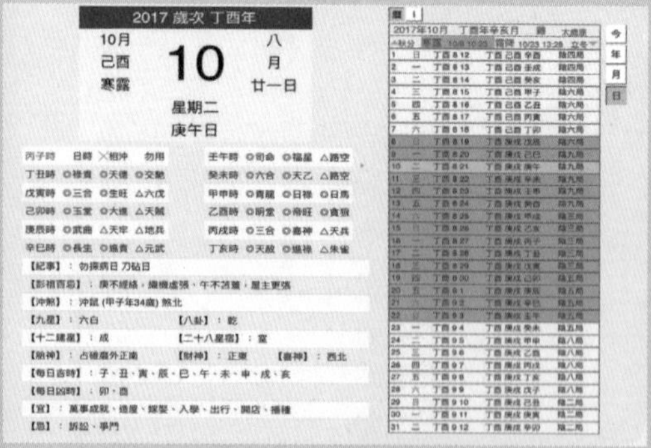

萬年曆

免安裝、資料同步、適用各種裝置，縮短看盤時間。免費註冊立即享有永久會員，紫微、八字盤相互切換。紫微斗數動盤、八字動盤，萬年曆時間對應方便查詢。紫微論斷分析星曜、四化解說，吉凶分析應期時間點。視覺化操作，找四化位置或刑沖迫害之相關位置顯示。依個人喜好設定排盤顯示方式，符合個人看盤習慣。強大客戶資料查詢、統計功能，依條件找出客戶命盤。

操作介紹 meen.tw/help

星鑰排盤 meen.tw

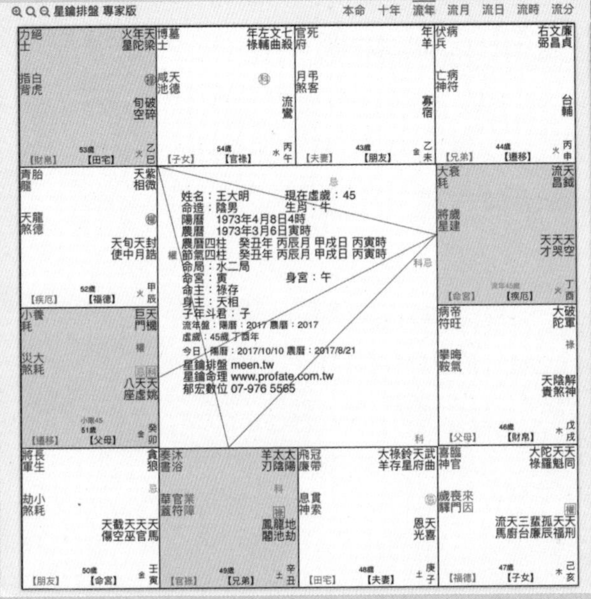

紫微斗數流年四化疊盤

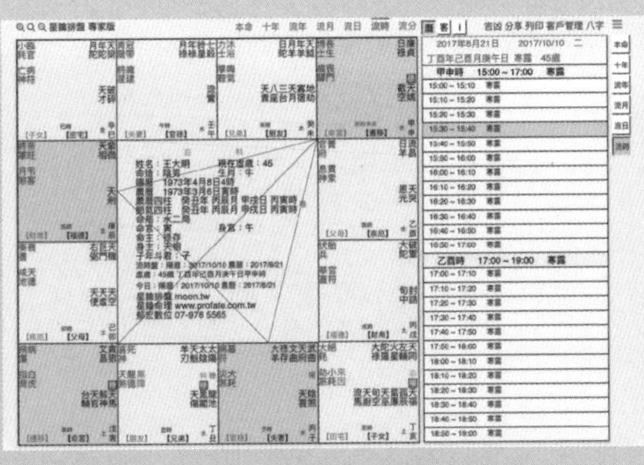

紫微斗數流時盤

項　目	月租	年租
紫微、八字、萬年曆基本盤	0	0
紫微動盤功能	250	2,200
紫微論斷分析	350	3,500
紫微吉凶分析	750	7,500
紫微堂號功能	150	1,200
八字動盤功能	250	2,200
八字堂號功能	150	1,200
萬年曆功能	0	250
以上實際費用請參考網站為（新台幣/元）		

Facebook 粉絲專頁

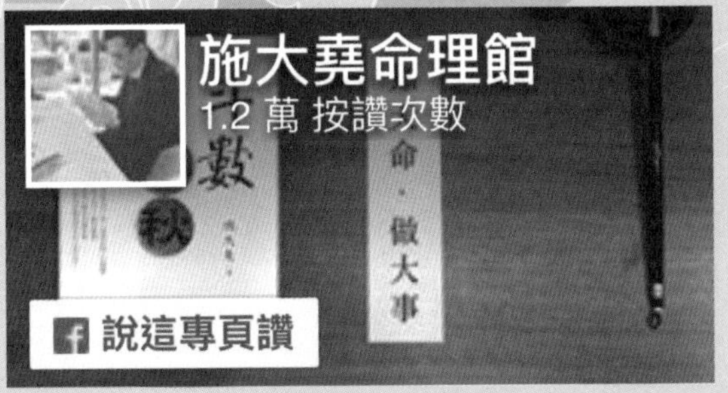

營業時間和資訊：

台北市大安區和平東路 2 段 359 號 1F

(+886)988-519-843　dahyau@me.com　預約制：11am-6pm

你對紫微斗數無法突破瓶頸嗎？

與王文華老師的緣分，起於2005年。

我自6歲命理啟蒙，從19歲開始開班教授風水學與紫微斗數，已經記不得、算不清寫了多少份命盤，看盡多少人的一生在我的手裡來來去去、又聽了多少大起大落感人至深的人生故事。

在我感恩得到這麼多的支持時，隨著時代的變遷，我也在思考是不是有更快更便捷的方式能為顧客排盤？坊間其實有很多電腦排盤程式，但追求完美主義的我都覺得不夠好；很幸運的，後來我遇到了王文華老師。看了王老師的命盤程式，我馬上就認定這正是我需要的！不僅解救了我十幾年來手寫命盤造成的肩頸痠痛，更讓我節省了一大半寫命盤的時間而有更多時間為客戶詳細解說；在我使用近四年來已累積近兩千筆客戶資料，省下的時間心力更是無法計算。對於每天都要耗費大量腦力的命理師而言，真的很感謝王老師！

紫微斗數是一條寂寞的路，在大部分的人都不了解此道的情況下，對於王老師與我這樣致力研究斗數並期望發揚光大的人來說，路上總是充滿荊棘。但是懷抱著對紫微斗數的熱情與喜愛，冀望著能讓更多人參透斗數之奧妙、並讓人生的路途上能得到指引。祝賀王文華老師的新書出版，一定能讓對斗數有興趣的讀者們從中獲益良多！

《斗數春秋》作者 施大堯 2017.10

時報悅讀13

紫微四化

作　者—王文華
主　編—王瑤君
編　輯—謝翠鈺
行銷企劃—曾睦涵
美術編輯—李宜芝
封面設計—楊珮琪
製作總監—蘇清霖

董事長—趙政岷
出版者—時報文化出版企業股份有限公司
108019台北市和平西路三段二四〇號七樓
發行專線—（〇二）二三〇六六八四二
讀者服務專線—〇八〇〇二三一七〇五
（〇二）二三〇四七一〇三
讀者服務傳真—（〇二）二三〇四六八五八
郵撥—一九三四四七二四時報文化出版公司
信箱—10899台北華江橋郵局第九九信箱

時報悅讀網—http://www.readingtimes.com.tw
法律顧問—理律法律事務所　陳長文律師、李念祖律師
印　刷—紘億印刷有限公司
初版一刷—二〇一七年十一月十日
初版三刷—二〇二〇年十一月十六日
定　價—新台幣五〇〇元
（缺頁或破損的書，請寄回更換）

時報文化出版公司成立於一九七五年，
並於一九九九年股票上櫃公開發行，於二〇〇八年脫離中時集團非屬旺中，
以「尊重智慧與創意的文化事業」為信念。

紫微四化 / 王文華作. -- 初版. -- 臺北市 : 時報文化, 2017.11
面 ;　公分. -- (時報悅讀 ; 13)

ISBN 978-957-13-7195-5(平裝)

1. 紫微斗數

293.11　　10618438

ISBN 978-957-13-7195-5
Printed in Taiwan